60代からの見た目の壁

和田秀樹
Hideki Wada

JN082312

X-Knowledge

まえがき

年齢を尋ねられて、例えば「70歳です」と答えたとします。そのとき、「70歳にはぜんぜん見えないですね」とか「年齢よりもずっと若く見えますね」と言われたら、多少お世辞が含まれているとしても、たいていの人はうれしく感じるでしょう。

実年齢よりも若いと言われるとうれしいのは、日本では年齢についてまわるイメージがステレオタイプ化されているからでしょう。

日本では65歳になると「高齢者」と呼ばれるようになりますが、みなさんは高齢者という言葉に対し、どんなイメージを持っているでしょうか?

男性ならハゲ頭でほっそりしたお爺さん、女性なら白髪頭で顔がシミだらけのお婆さん。多くの人は高齢者をこんなイメージで見ているのではないかと思います。まだ自分では若いと思っているのに、そんな目で見られるのは嫌ですよね。

国民的アニメと言われる『サザエさん』のお父さん、磯野波平さんはまさにそんな典型的な高齢者のように見えます。頭頂部には髪の毛が1本しかありませんし、どう見てもお爺さんと呼ばれそうな見た目です。では、みなさんは波平さんの本当の年齢をご存じでしょうか？

正解は54歳。確かに、波平さんは娘婿のマスオさんと一緒に毎日会社に通っていますから、まだ現役世代なのです。

『サザエさん』のマンガの連載が始まったのは１９４６年（昭和21年）です。このときの波平さんの年齢設定が54歳でした。その後も、サザエさん一家の年齢設定は変わっていないので、波平さんは今も54歳のままなのです。でも２０２０年代の感覚では、波平さんは70代にしか見えませんね。

波平さんが54歳と聞いてびっくりする人がいるのは、そのくらい、現代の日本人の「見た目年齢」が若返ってきたということです。

ちなみに、54歳というのは俳優・歌手の福山雅治さんと同じ年齢（２０２３年時点）です。どう見ても、この２人が同級生とは思えません。

日本人の見た目年齢が若返った理由の１つは、栄養状態がよくなったことがあげられます。それとともに、日本人の平均寿命は大幅に延びてきました。

具体的な数字で見てみましょう。高度経済成長が始まった１９５５年の平均寿命は、男性63・60歳、女性67・75歳。男女とも60代でした。

それが2021年には、男性81・47歳、女性87・57歳まで延びています。60代でヨボヨボ老人になっていては、こんなに長く生きることはできません。見た目年齢が実年齢よりも若く見える人が多くなったのは当然のことなのです。

逆に言えば、実年齢並みか実年齢よりも老けて見える人は、栄養の摂り方に問題があるということになります。その場合は、栄養のある食事を摂ることによって、見た目年齢を若返らせることができるでしょう。

詳しくは本文に譲りますが、例えば、シワだらけの顔は栄養の問題が大きいので、食事を変えれば、シワの少ない顔に変わります。その結果、見た目年齢も若返ってくるというわけです。

ただ、見た目年齢を若くする要素は、栄養だけではありません。見た目の若々しさは顔だけでなく、ファッションやアクセサリー、時計など、身につけるものによっても変わってきます。女性ならお化粧によって大きく変わります。

若く見られたい人は、何歳になってもお化粧やファッションに気をつかうもの。いくらスッピン顔がきれいな女性でも、ノーメイクで髪もボサボサなら、見た目年齢が若く見えることはないと思います。男性ならビシッとスーツを着て、さっそうと街を歩いたら、若々しく見えるでしょう。見た目年齢を若く見せるには、このような努力も必要です。

そしてもう1つ、ファッションやお化粧に気を配るためには、意欲を失わないことが重要です。「きれいに見せたい」「若く見せたい」という意欲がなくなってしまえば、見た目はどんどん老けていきます。

逆もまた真なりで、見た目が老け込むと、意欲もなくなってきます。せっかく平均寿命が延びて、「人生１００年」と言われる時代になったのに、意欲がなくなったら長生きすることすら難しくなります。

70代も80代も元気に生きていくためには、つねに意欲を失わないようにしなければなりません。実はそれを保障するのが「見た目」なのです。

どうせあと数十年しか生きられないのですから、おしゃれをして、お化粧をして、人生をいっぱい楽しまなければ損だと思います。その意欲こそが見た目年齢の壁を打ち破ることになるのです。

和田秀樹

目次

第1章 見た目年齢の格差はなぜ起こるのか

第2章 見た目年齢若返りはおしゃれから

第3章 見た目年齢が若返る食べもの

第4章 知性がないと見た目は若返らない

第5章

見た目をかっこよくする生き方

装丁　田中俊輔
本文デザイン　平野智大（マイセンス）
構成　福士 斉
編集　加藤紳一郎
印刷　シナノ書籍印刷

第1章

見た目年齢の格差はなぜ起こるのか

同じ年なのになぜ見た目がこんなにも違うのか

60歳を過ぎると、同じ年齢でも、若く見える人と、そうでない人の差が大きくなってきます。

とくに私は、高齢者の医療に長く携わってきた経験から、見た目の差のことがよくわかる立場にありました。若く見える人は、実年齢より10歳はおろか、20歳くらい若く見える人も珍しくありません。医療の現場にいると、「同じ年齢でもこんなに見た目が違うものか？」と驚くことが少なくないのです。

高校時代の同窓会に出かけたら、びっくりするほど老けて見える人がいる一方、自分より若く見える人もいて、軽い嫉妬を覚えたりすることがあるのではないでしょうか。

その差が20歳ぐらい大きくなると、高校の担任教師が当時20代の若い先生だったとしたら、先生より老けて見える元生徒がいるということになります。

当人はそこまで自覚がないかもしれませんが、記念に撮った集合写真を後で見たら、自分の顔が教師よりはるかに老けていて、ショックを受けるかもしれません。

そんな「見た目年齢」が老け込んだ患者さんと話すとき、私がいつも思うのが、栄養のバランスが悪い、とりわけたんぱく質が足りていないということです。これが見た目年齢を老けさせる理由の1つです。

皮膚にシワが目立っていたり、体全体がしぼんだように見える60代の患者さんに、どんな食生活をしているか尋ねると、明らかにたんぱく質不足であることがわかります。

60代ともなると、あっさりした食事を好む人が多くなる傾向がありますが、その結果、筋肉などの材料になるたんぱく質が不足しがちになるのです。

つまり、実年齢よりも老けて見える人は、自ら進んで見た目年齢を下げる栄養の摂り方をしているということになります。これについては、第3章で詳しく述べますが、ここでは見た目年齢を老けさせる理由の1つに栄養があることを理解しておいてください。

「意欲」が見た目を若返らせる

見た目年齢が老ける理由は、もう1つあります。それは意欲の低下。年をとっても元気でいたいという意欲のある人は老けにくいのです。

どういう人が老け込みやすく、どういう人が老けにくいかを考えてみてください。いつまでも若くありたいという意欲を保っている人は、脚力が衰えないように足腰を鍛えるでしょうし、ボケないように頭も使うでしょう。また、人と会うときは外見に気をつかうでしょう。逆に、そうでない人はどんどん老け込んでいきます。

言葉を変えて、60代や70代がどんな年代かを考えてみましょう。まず60代は、普段から歩いていないと歩けなくなっていく年代です。寝たきりまではいかないにしても、脚力は確実に衰えていきます。また、この年代は頭を意識的に使っていないと、ボケるのが早くなるリスクがあります。

これに対して、70代は、60代のときに歩いてこなかった人が寝たきりになり始める年代です。また、60代に頭を使ってこなかった人が本当にボケたようになってしまう年代が70代です。

しかし、60代から歩くことや頭を使うことを意識してやっていた人は、身体能力も脳もおおむね50代くらいのレベルを保つことができます。

見た目も同じことで、外見に気をつかわなくなったとたん、人は一気に老けて見えるようになります。

男性の場合、定年をきっかけに老け始める人が多いようです。今は65歳定年が主流になりつつありますが、60歳定年にしろ、65歳定年にしろ、定年退職を機に外見に気をつかわなくなる人が多いような気がします。

定年退職して、新たな仕事に就くこともなく、家にずっといると、もうスーツを着る機会がありません。ユルユルの部屋着で過ごす時間が大半を占めるようになってしまえば、たまに外に行くときも外見に気をつかわなくなると思います。

一方、女性の場合は、子育てが終わる頃から老け始める人が多いようです。早い人では50代くらいでしょうか。子どもが大きくなって、ママ友とのランチ会などが減ってくると、気合いを入れてお化粧する機会も少なくなり、そこから老け込んでいくようなことが起こるのでしょう。

意欲の低下は40代から始まる人も

これまでに私が書いた本で何度も主張していることですが、高齢者の老化を遅らせるためにもっとも重要なことは、意欲の低下を遅らせるということです。

では意欲の低下はどうして起こるのかというと、脳の老化が原因です。脳の老化というと、記憶力の低下を思い浮かべる人が多いかもしれません。しかし、記憶をつかさどる脳の海馬という部位が目立って萎縮し始めるのは、だいたい70代からです。

これに対し、意欲をつかさどる脳の前頭葉は40代ぐらいから萎縮が目立ち始めます。若い頃、いろんなことに対して意欲がある人が、中年になるとだんだん意欲がなくなってくるのは、前頭葉が萎縮し始めたからかもしれません。

そして、意欲に対し、もっとも大きな影響を与えているのが外見です。先ほど男性は定年退職、女性はママ友とのつきあいがなくなった頃から、外見に気をつかわなくなり、意欲が低下すると言いましたが、そのまま年齢を重ねていくにつれて、見た目年齢はどんどん老けていくと思います。

いつまでも若く見られたいという意欲が保てている人は、外見に気をつかうだけでなく、体や頭を積極的に使って、老けないように努力するでしょう。

逆に、若く見られたいという意欲を失った人は、見た目だけでなく全身の老化も進んでいくのです。

さらにもう1つ、若く見られたいという意欲を失わせる要素に、年齢にまつわるバイアスがあるような気がします。

バイアスとは偏見や先入観などを意味します。私たちは「50代はおじさん、おばさん」「60代はお爺さん、お婆さん」「70代や80代はヨボヨボのお爺さん、シワシワのお婆さん」といったバイアスに支配されています。

まえがきで述べた『サザエさん』の磯野波平さんが54歳と聞いてびっくりする人が多いのは、自分の年齢バイアスとかけ離れているからでしょう。

他人の外見だけではありません。自分自身に対しても、年齢バイアスにとらわれているので、「俺はもう65歳で高齢者だから」とか「私はもう50代のおばさんだから」と、若く見られることをあきらめてしまうのです。見た目年齢が実年齢よりも老けて見える人には、このような心理が働いているのではないかと思います。

コロナで見た目年齢が一気に上昇

さらに、2020年から始まったコロナ禍も、見た目年齢を一気に老けさせる要因の1つになりました。

高齢者は新型コロナウイルスに感染すると、重症化や死亡のリスクが高いという理由で、国や地方自治体から外出を自粛させられました。

さらに、マスコミが「高齢者は外に出るな」といったキャンペーンを張ったこともあり、外出自粛を真に受けた高齢者の中には、筋力などの身体機能が低下し、歩けなくなって要介護になるリスクも高まりました。

そもそも、「自粛」なのですから、自分で決めればよいことです。それなのに、マスコミをはじめ、家族も含めた周囲の人たちからの同調圧力によって、多くの高齢者が自粛に追い込まれてしまったというのが真相でしょう。

するとどういうことが起こるのか。毎日散歩をして足腰を使ったり、友人と議論するなどして頭を使っていれば、あと5年くらい要介護が避けられたはずなのに、同調圧力に負けた高齢者は5年も早く要介護になってしまうということが起こります。結果的に国の介護予算が増えるのですから、国がやったコロナ対策は本末転倒だったのです。

同調圧力に負けた高齢者に対しては、同情すべき点もあります。3年も家から出ない生活を続けていたら、歩けなくなるのは当然のこと。それに気付いて、寝たきりになりたくないから散歩に出かけようとすると、「年寄りは家にいろ」と言わんばかりの目で見られるのですから、同調圧力を突破しようにも現実的には難しかったと思います。足腰が弱れば見た目もヨボヨボ老人に見えます。認知機能が低下してきた高齢者に対しては、まわりの人間がヨボヨボ老人扱いするようになるでしょう。

マスクで見た目を気にしなくなった

コロナ禍ではもう1つ、見た目年齢を老けさせる大きな要因がありました。それはマスクの着用です。

マスクの着用に関しては、厚労省が２０２３年3月14日から、マスクの「着用は個人の判断が基本となります」と声明を出しましたが、まだマスクをつけた人もいます（23年10月現在）。

今もマスクを外せない人は、もしかしたら、見た目を隠したいのかもしれません。というのは、見た目年齢が老け込んだ人にとって、マスクはとても便利なアイテムだからです。

確かに、見た目が老けている人がマスクをつけていると、顔半分が隠されているわけですから、老けて見えにくいというメリットがあります。

その結果、女性であれば、お化粧も目のまわりだけですむので、見た目を若く見せることにエネルギーを使わなくなっていくのではないでしょうか。

男性でも、マスク生活が始まってから、ヒゲを剃らない人が増えたと言います。確かに、無精ヒゲを生やしていても、マスクをしていれば相手にはわかりません。

このように、コロナ禍のマスク生活が始まってから、外見に気をつかわない人がいっそう増えたような気がします。

しかし、時間とともに、いずれみんなマスクを外すようになるでしょう。でもマスクを外しても、コロナ前のようにしっかりメイクしなくてもよいのでは？　とか、男性なら無精ヒゲのままでもいいじゃないか？　と思う人が出てくるのではないでしょうか。

マスクを外して、コロナ前の習慣に戻る人が大半だと思いますが、それでも戻らない人も少数ながらいるような気もします。

「見た目を若くしたい」とか、「外出するときはおしゃれをしよう」といった気持ちがなくなってくると、その後の老け方に悪循環が起こると思います。

お化粧をしたり、ヒゲを剃る意欲がなくなると、外出するときにおしゃれをしようという気持ちがなくなってくるでしょう。それとともに、見た目を若くしようという意欲が低下していきます。

さらに、おしゃれをする気がなくなると、出かけたいという意欲もなくなってくるので、家から出る機会も少なくなるでしょう。その結果、体力も脳の働きも低下します。このような悪循環で、見た目はどんどん老けていくのです。

最後に恋愛したのはいつですか？

40代から意欲の低下が始まると言いましたが、もちろん個人差はあります。50代でも60代でも、意欲が衰えない人もいますし、そういう人は見た目も若々しく見えるような気がします。

40代から意欲が衰える要因として、とくに男性に多いのが、その年代で出世できるか、そうでないかがほぼ確定することがあります。サラリーマンが出世をあきらめると、「もう俺はこれ以上よいことはないだろう」と思って、新しいことに挑戦する意欲を失ってしまうのではないでしょうか。

もう1つ、40代くらいから意欲が低下する要因に、異性への関心がなくなることがあると思います。実は、私は見た目年齢を若返らせるには異性への関心がもっとも重要な要素の1つだと思っているのです。

LGBTQの時代では、恋愛への意欲といってもよいかもしれません。恋愛が重要であるのは、女性にも男性にも言えることです。

ところで、この本を読まれている方は、最後に恋愛したのはいつだったか覚えていますか？　結婚してから一度も恋愛していないというなら、ちょっとさびしいですね。

だからといってパートナーのいる人に浮気を推奨しているわけではありません（浮気をしてもよいのですが、詳しくは後述）。パートナーがいる人の場合、例えば、夫婦でおしゃれしてお出かけしているでしょうか。結婚記念日やそれぞれの誕生日には、レストランを予約して、お互いおしゃれをして食事をしているのであれば、このカップルは恋愛していると言えるかもしれません。少なくとも、記念日には恋愛しているのでしょう。

その逆もあって、外見が老けて見えるようになると、独身であっても、恋愛をあきらめるようになる人が多いと思います。

しかし、たとえ70代でも、恋愛をあきらめるべきではありません。何歳になっても、好きな人がいたら、意欲や体力を保ちたいと思うでしょう。見た目は顔だけではありません。

ヨタヨタ歩きの老人では魅力が失われますから、恋愛対象がいる人は、体を鍛えるために、スポーツジムやヨガ教室に通ったりするかもしれません。恋愛して意欲を高めることによって、全身の老化を遅らせることができるということになるのです。

栄養状態がよくなって、平均寿命も延びた現代では、50代、60代は恋愛の現役世代です。もちろん、見た目も体も若々しくあれば、70代、80代でも恋に落ちます。そのためには、意欲を高めることが一番重要だということです。

恋愛すると男性ホルモンがアップ

恋愛すると、男性ホルモン（テストステロン）の分泌が増えることがわかっています。恋愛と関連しますが、性的な欲求でも男性ホルモンは増えます。

男性の場合、一般的に男性ホルモンの分泌は年齢とともに減少します。男性ホルモンが減ると筋肉がつきにくくなったり、記憶力や思考力が低下します。もちろん、意欲も低下してしまいます。男性ホルモンが減少すると、ヨボヨボ老人になる条件がどんどん増えていくというわけです。

極端に男性ホルモンが少なくなると、男性更年期障害（LOH症候群）と診断される男性もいます。LOH症候群には疲れやすい、気力や集中力がない、イライラする、うつっぽい、性欲がなくなる、といった症状がありますが、男性ホルモンの減少が原因であれば、男性ホルモンを補充する「ホルモン補充療法」で改善します。

ですから、どうしても意欲がわかないという人は、泌尿器科で男性更年期障害かどうかを調べてもらうのも1つの方法です。その結果、男性ホルモンが減少していることがわかったら、ホルモン補充療法を受ければよいのです。

でもたいていの人は、異性に関心を持つことで、あるいはエッチな写真を見るだけでも、男性ホルモン値は上がってきます。

ちなみに、日本では高齢者と呼ばれる年代、とくに男性が女性のヌード写真などを見ていると、眉をひそめるような風潮があります。でも、先進国と呼ばれる国でポルノを解禁していないのは、日本くらいです。ポルノを解禁するだけでも、高齢者を若返らせることが期待できるのに、それを政策に掲げる政党が1つもないのは残念です。

大事なことは、前述したように、「もういい年だから」といった年齢バイアスにとらわれないで、体の欲求に正直に生きることです。

男性ホルモンが十分に分泌されていれば、意欲もアップしますし、筋肉も脳も衰えないので、見た目も若返ってきます。「禁欲は美徳」などと言っている人は、老けるだけなので、私はお勧めしません。

なお、女性も男性ホルモンが分泌されていて、性的な欲求を高める働きがあるとされています。また、男女に関わらず、恋愛パートナーがいない人は、男性ホルモンのレベルが低いという報告もあります。

男性ホルモンのレベルを上げるためには、男性も女性もどんどん恋愛したほうがよいのです。それが見た目の若返りの近道になります。

女性は美の追究をあきらめない

恋愛がしたいなら、女性は自分を美しく魅力的に見せたいですね。最近は男性でもお化粧する時代ですが、まだまだメイクは女性の特権だと思います。

50代でも顔にシミがあるだけで、お婆ちゃんぽく見えてしまいます。でも今は優れたシミ消しメイクがあるわけですから、それを使って消してしまえばよいのです。シミを消すだけで、人によっては見た目が10歳は若返ります。

女優さんたちが、テレビや映画で輝いて見えるのは、元がよいのはもちろんですが、メイクの力も大きいと思います。女優さんのように、プロのメイクさんにお化粧してもらえば、素人でも見た目がかなり若返ると思います。

ちなみに、写真スタジオなどで、プロのメイク付きで記念写真を撮ってくれるサービスがあります。一度、プロにメイクしてもらって、自分の見た目がどれくらい若くなるのか、実感されるのもよいかもしれません。

さて、女性が美しくあろうとすると、昔はメイクしか方法がなかったわけですが、今は美容医学が進歩しているので、シワを伸ばしたり、ほうれい線を消したり、頬のたるみを取ったりするのも、比較的簡単な施術で可能です。

美しくなりたい、見た目を若くしたい、というのであれば、こういった美容医学の手を借りてもよいでしょう。

こうした施術は「プチ整形」と呼ばれていますが、日本ではいまだに「整形」という言葉に対する、ある種のアレルギーがあるようです。

週刊誌などに有名人の「整形疑惑」という見出しがあるくらいで、日本人には「整形してまできれいになるのは恥ずかしい」といった国民性があるようです。

一方、お隣の韓国の女性たちは、整形することを恥ずかしいとは思っていないと言われています。有名人が整形していることをみんな知っていますし、それに対して「この女優は整形だよ」いって貶《けな》すこともありません。整形だろうが何だろうが、美しければよいというのが韓国の国民性のようです。

実際、韓国は美容整形のレベルが高いと言われていて、価格も日本に比べると安いことから、日本から美容整形に行く医療ツーリズムも盛んです（ただし技術レベルが低いクリニックがあるかもしれないのでツアーに参加するときはよく検討すること）。

価値観の問題なので、「整形してまで美しくなりたくない」という人を否定しませんが、私自身は美しくなりたいと思うのであれば、美容整形は大切な選択肢の1つだと思っています。

見た目をよくする2種類の医療

見た目をよくする医療には大きく分けて2種類あります。1つは顔などに大ケガした人たちの傷を治すような形成外科。大ケガして顔の半分くらいが損傷した人でも、形成外科手術によって、きれいな顔に戻すことができます。

顔だけでなく、乳がんの手術で失った乳房を再建するのも形成外科で行われています。女性が乳房を失うのは心理的ショックが大きいので、形成外科手術によって乳房を復元させるわけです。これも言ってみれば見た目をよくする医療の1つです。

もう1つは、いわゆる美容外科（美容整形外科とも呼ばれる）です。厳密に言うと形成外科の一分野なのですが、これは容姿を整えることが目的です。一重まぶたを二重まぶたにしたり、鼻を高くしたり、顔のたるみを取るといったプチ整形から、顔の輪郭を変えるような手術までさまざまあります。簡単に言ってしまえば、見た目を美しくするための医療です。

美容外科の歴史はけっこう古く、私が子どもの頃から、大手美容外科のテレビＣＭが放映されていたものです。ですから、１９６０年代ぐらいには立派にビジネスとして成り立っていたのだと思います。

でも私が医学生の頃、大学病院の医局には、美容外科はありませんでした。大学で行われているのは、ケガをした人などのための形成外科だけで、美容外科という分野は、正直なところ他の分野に比べて下に見られていました。美容外科を志すような医者は、お金儲けが目的だと揶揄されてもいました。

逆に言うと、60年代からテレビCMで宣伝していたような美容外科は、大学では教えてくれないので、自分たちで新しい分野を切り開いたパイオニアとも言えます。

そして、美容外科を志す若い医者たちは、このような美容外科のパイオニアの元で修行して、腕が上がったら開業するというようにして、この分野は広がりを見せてきたと思っています。

そんな時代を経て、90年代には、大学医学部にも美容外科の医局が少しずつつくられるようになってきました。今では私が卒業した東京大学（以下、東大）医学部にもあります。

美容外科はハードルが高い？

かつての美容外科の中には、技術レベルが低いという噂がたったところもありますが、今は大学病院などで高度なトレーニングを積んでいる医者も多いので、その心配はほとんどないと思います。むしろ、21世紀に入ってからの美容外科は、医療分野の中でももっとも伸び率が高いものの1つと言えるでしょう。

昔の美容外科は、医療費がかなり高額でした。しかも、美容外科には保険がききません。言ってみれば、富裕層相手のビジネスだったわけです。もちろん、今もそうしたビジネスモデルでやっている美容外科があります。

それに対し、今は美容外科を受診する人が増えてきたこともあり、薄利多売というと言いすぎですが、たくさんの患者さんを診ることでコストを下げ、比較的安価な医療費で施術してくれるクリニックが増えてきました。

現在は、従来の富裕層を相手にした美容外科と、庶民でも手が出せるような美容外科に二極化しているように思われます。

といっても後者が、「安かろう悪かろう」という意味ではありません。少なくとも、シワを伸ばすとか、たるみを取るとか、二重まぶたにするといったレベルの施術であれば、両者の技術的な差はほとんどないでしょう。

しかし、安いといわれる美容外科でも、数万円から数十万円ほどの医療費がかかります。それを安いと感じるか、高いと感じるかは、その人の価値観なので何ともいえません。

ただ今でも、歯をインプラントにしたら、1本でも数十万円かかります。それと比べたら、手が出せないような金額でもありません。見た目の若さを維持するための費用だと思えば、庶民にも手を出せない金額ではないでしょう。それに、美容外科で見た目が若返ったときの精神的効果は、かかった費用に十分見合うものだと思います。

ちなみに、数万円でできるプチ整形に、ボトックス（商品名）があります。ボツリヌス菌の毒素（ボツリヌストキシン）を注射する治療法で、シワを消したり、エラの張りを目立たなくして小顔にするといった効果があります。

値段も他の美容外科の施術よりは安くすむので、若い女性にも人気のようです。もちろん、私もやりたい人はどんどんやればよいという立場です。

カツラをバカにする日本

男性なら、若く見せるためにカツラをつけたり、植毛するのもよいと昔から言っています。

でも日本ではカツラのことを「ズラ」と呼んで、こっそりかぶっている人を揶揄するような風潮があります。

他の国の事情は知りませんが、日本には若く見せるための手段としてカツラを使うのは反則だという文化があるようです。でも前述の「整形疑惑」と同じで、「ズラ疑惑」をネチネチと陰で噂するようなことはもうやめるべきではないでしょうか。

数年前まで、朝の情報番組のＭＣを務めていた人気フリーアナウンサーのズラ疑惑をご存じの方がいると思います。

彼の髪がカツラなのかどうかはわかりませんが、仮に本当にカツラだったとしても、黒々とした髪のおかげで実年齢よりも若く見えていたのは事実でしょう。ズラ疑惑を喧伝する人たちは、カツラにして若く見せることのどこが悪いと考えているのでしょうか？

カツラをさげすむ文化があることで、「カツラをしてみようか」と検討しているのに、この同調圧力に負けて、第一歩を踏み出せない男性が多いのではないかと思います。

カツラをしなければしないで、今度は「ハゲ」と陰口を叩かれます。少ない髪を解消する手段があるのに、これでは八方塞がりです。

植毛といって、段階的に髪の量を増やしていき、誰にも気付かれないうちにフサフサの髪にするサービスもあります。こういうサービスがあるのは、急に髪が増えたら怪しまれるという心理があるからでしょうか。

わざわざそんなことをしなくても、堂々と一気に髪を増やせばよいと私は思います。カツラの頭を見て、驚く人がいたら、「いやあ、カツラにしたんだよ」とでも言えばよいだけの話です。

誰もがカツラをして堂々としていたら、カツラをさげすむ文化もなくなると思います。カツラや植毛で、見た目が若くなれば、意欲の低下も防げて、異性にモテるかもしれません。

なお、ハゲを目立たなくするために、帽子をかぶる人もいます。どんな帽子を選ぶかにもよりますが、ハゲるくらいの年齢の男性が帽子をかぶると、逆に老けて見えることが多いような気がします。

出世すると年齢より老けて見える

医者の世界では、不思議なことに、若くして教授になった人ほど老け込んで見える、という印象があります。

50歳前後で教授とか、もっと若ければ40代で教授になる人もいますが、教授になってから、急速に老け込んでくるような気がするのです。

教授になると自分より年上の医者も部下になります。そういうベテランの医者を目下に扱っているから、老けて見えるのかもしれません。

一般の企業でも同じようなことがあるのではないでしょうか。40代で社長になったら、やっぱり実年齢より老けて見えるような気がします。

これは『老害の壁』（小社刊）にも書いたことですが、アメリカでは日本のように社員が社長のことを「社長」と呼ぶことはありません。

アメリカを代表する大手テクノロジー企業の社長であったスティーブ・ジョブズ（アップルの創業者の1人）やビル・ゲイツ（マイクロソフトの創業者の1人）も、社内では「スティーブ」や「ビル」のようにファーストネームで呼ばれていました。

スティーブ・ジョブズは56歳で亡くなりましたが、晩年でも若々しい姿を見せてくれました。ビル・ゲイツ（55年生まれ）も70歳近いのに、実年齢よりも若々しく見えます。2人とも会社を創業したのは20代、30代ですが、社長になったからといって老けて見えるようなことはなかったと思います。

これは学問の世界も同じで、アメリカでは医学部や工学部などの分野では、30歳前後で教授になることが珍しくありません。

アメリカの場合、教授の肩書きを持っているほうが研究資金を集めやすいので、若いうちに教授になろうとする学者が多いのです。いわば教授になることが研究のスタートラインなので、早く教授になって、自分がやりたい研究を始めたいわけです。これに対して、日本の場合、教授はすごろくで言うところの「上がり」のポジションです。それまで一生懸命に論文を書いて、教授への道を駈け上がってきたのに、教授になったらもう何もしなくても地位が保障されます。だから老けて見えるようになってくるのではないでしょうか。

iPS細胞の研究で、12年にノーベル医学・生理学賞を受賞した山中伸弥さんは、京都大学iPS細胞研究所長の仕事をやめて（現在は名誉所長）、残りの人生をより一層研究に専念したいと宣言していましたが、日本の場合、ノーベル賞を受賞した学者もほとんどそれが上がりになっているようです。

「精神年齢の低さ」は、「精神の若さ」とは無関係

教授や社長になると老け込むのは、精神年齢が一気に上がって、肩書きにともなうくだ

らない風格を早々と身につけてしまうからではないかと私は思っています。

日本では精神年齢が高いほうが大人だと考える文化があるのか、年齢が上がるとともに、精神年齢も上げたいと思っている人が多いのではないでしょうか。

でも「精神年齢は上げなければいけない」という強迫観念はよくないことだと私は思っています。

よくリタイアしてからの趣味は、俳句だとか詩吟だとか、本を読むなら哲学書とか言う人がいますが、興味もないのにそんな趣味を押しつけられても、やる気にはならないでしょう。趣味というのは、好きなことをやるべきですし、それで精神年齢が若いと言われても、気にする必要はありません。

私の東大医学部時代の恩師であり、今も尊敬する養老孟司さんは、子どもの頃から昆虫観察が趣味で、80代半ばになる今も山や野を駆け巡って昆虫採集をしています。高齢者だからといって、興味もないのに俳句を趣味にするより、養老さんの生き方のほうがよっぽどステキだと思いませんか。

あるいは、23年度前期のNHK朝ドラ（連続テレビ小説）『らんまん』の主人公のモデルになった植物学者の牧野富太郎も、子どもの頃からの植物好きを一生続けて「日本の植物学の父」と呼ばれるようになった人物です。

何歳になっても無邪気に子どものような好奇心を持つのは、見た目の若さという点でもとても重要だと思います。それがなかったら、人は30代でも40代でも老成していくのではないでしょうか。

年をとっても好奇心を失わない人のことを「少年の心を持った大人」などと言いますが、これは「子どもっぽい大人」とはまったく違います。

後者のような人のことを「精神年齢が低い」と言う人もいますが、これは私の言うところの精神の若さとはまったく関係ありません。

例えば、ちょっとムカついただけで、カッとなって怒鳴り散らすのは、単に子どもっぽい大人にすぎません。成長とともに身につけなければならない倫理観や道徳観が欠如しているだけで、確かに定義上は精神年齢が低いことになりますが、精神の若さとは無関係です。

ただ、年をとって脳の前頭葉の老化が進むと、もともとあった性格が尖鋭化されてくるという特徴があります。

コンビニの店員に難クセをつけて怒鳴り散らしている老人をよく見かけますが、あれも一種の性格の尖鋭化です。この老人はたぶん、自分流の倫理観が厳しかったのか、老化とともに過度になっていったのでしょう。

出世しないほうが若く見える

逆に、出世競争に負けてしまった人はどうなるのでしょうか。年功序列というシステムが崩壊した現在、40代や50代で出世の道が断たれるということは珍しくありません。そういう人たちは、「プライベートな趣味の世界で自分は勝つ」と思えばよいのです。

週刊誌を出しているような大手出版社は、出世競争に負けた社員でも、一般的なサラリーマンの平均年収と比べると、相当に恵まれた給料をもらっています。

実際、私の本を出してくれた出版社にもいましたが、そういう人たちは、けっこう遊びながら、会社員の生活を楽しんでいるのです。

私の同級生にも、日本の最大手の広告代理店に就職したものの、たいして出世しなかった友人を何人か知っています。彼らの仕事というのは、遊びも仕事のうちですから、みんな見た目がけっこう若いのです。

逆に言うと、社会的地位が高くなると、人は貫禄がついてきて、老けて見えるようになるけれども、逆に地位が上がらなければ見た目の若さが保てるとも言えるのはないでしょうか。

私は大学を卒業してからは、いろんな医療現場での勤務医や塾の顧問、さらには映画監督や作家など、1つの組織に所属せず、さまざまな仕事をしながら生きてきました。いわばフリーターみたいな人生です。

そして、22年7月から日本大学（以下、日大）の常務理事という新たな仕事を始めることになりました。

日大の本部に行って、理事室のある階でエレベーターを降りると、最近はやめてもらうことにしましたが、3人くらいの秘書が頭を下げてくれました。こういうのは、私はすごく苦手です。

これまでも、講演会の講師をして、主催者側のスタッフからもてなされることはありましたが、組織の地位があるという理由で、もてなされることはありません。だから日大で秘書から頭を下げられても、それに応じる貫禄というものがないのです。

そういった貫禄のようなものは自分でつくらないといけません。ところが、こういうものは意外に難しいのです。せいぜい身なりをきちんとするくらいでしょう。

もちろん、やりたくない人はやる必要はないと思います。

老人は人が思っているよりあきらめがいい

よく「昔、俺は部長だった」などと、かつての地位を自慢する人がいますが、今現在は何者でもないことを宣言しているようなものです。

でも、そんなことを言う人には、昔の地位を尊重して対応しないと、キレて怒り出すこともあるようです。

お年寄りにもいますね。タメ口で話しかけたりすると、「今の若いやつらは口のきき方がなってない」などと怒り出す老人が。

でもこれも性格の尖鋭化の一種で、もともと怒りっぽい性格の人が、怒りをコントロールできなくなっただけのことだと思います。こういうマンガに描かれるような老人は、目立ちはしますが、実際はそんなに多くはいないと思います。

たくさんの高齢者と接してきた経験から言えるのですが、老人は人が考えているよりあきらめがよいものです。例えば、会社の部長だった人が、リタイアして駐車場の管理人になるといったことが現実にはあるわけです。

ではその管理人は昔のプライドがあるから偉そうにしているかというと、そうではなくて、ちゃんと腰の低い管理人になっているのです。

逆に言うと、この国の人たちは肩書きに従順な人が多いとも言えます。実際、「俺は元部長だ」と叫んでいるようなタイプの管理人というのは見たことがありません。

確かに、「威張らないと損」みたいな考え方をしている人が世の中には存在します。でも、威張りたくても威張れない人がいるのも事実。「俺は定年して、ただの老人になった」と思っている人のほうが意外に多いのです。

過去の肩書きにしがみつく人より、そのほうが人間的にはよいと思いますが、そのままだと見た目に関しては老けていく可能性があります。ですから、意欲だけは失わないようにしなければなりません。

見た目は寿命にも影響する

見た目は老化予防や寿命にかなり影響していると考えられています。99歳で亡くなった作家で僧侶の瀬戸内寂聴や、１０５歳で亡くなった聖路加国際病院名誉院長の日野原重明は、晩年こそ老け込んで見えましたが、80代の頃は2人とも、かなり若々しく見えました。

前述のように、私は日大の常務理事をしているので、定期的に日大に通っていますが、そこで日大の顧問になったオリックスシニア・チェアマンの宮内義彦さんによくお会いします。宮内さんも80代後半ですが、とても80代とは思えないくらい若々しいのです。また私を常務理事に推薦してくれた日大理事長の作家・林真理子さんも、当然のことながらとても若く見えます。

みなさんに共通しているのは、いつまでも新しいチャレンジを続けて、意欲的に生きているということでしょう。誰もがこのような生き方ができるなら、見た目年齢もある程度、若く保つことが可能かもしれません。

でも現実は真逆です。今の日本は高齢者から運転免許を取り上げて移動する自由を奪ったり、コロナになったら3年間も家に閉じ込めたりするなど、高齢者の老化を進めることばかり行っています。

また前述のように、美容整形した人やカツラをした人をさげすむようなことも平気でしています。

いずれも高齢者を老け込ませる世論が元凶ですが、これらの世論を放置していると、日本の高齢者はますますヨボヨボになっていきます。

一方、高齢者をヨボヨボにしないことが、将来のこの国にとってもよいことなのに、国はその反対の政策ばかりやっているのです。

高齢者の若返りは日本を元気にする

現状では、5000万人まで増える高齢者のうち、3割の高齢者がいずれ要介護になると試算されています。

でも対策を講じれば、要介護になる高齢者を1～2割に減らせる可能性があります。そうすれば、国の介護費もずいぶん削減できますね。

高齢者が元気になれば日本の経済もよくなります。高齢者は労働力になりますし、消費もしてくれるからです。

今の日本の労働市場は深刻な人手不足が続いているので、1日数時間でも高齢者に働いてもらったら、ありがたいのです。

また、経済は生産だけでは成り立たないので、消費も増やさないといけません。たとえ働いていなくても、高齢者は大事な消費者でもあるのです。

そういう社会に変えるにはどうすればよいのか。答えは簡単ですね。高齢化が加速して、高齢者がもっと増えることがわかっているなら、高齢者を若返らせればよいのです。

それに対して、今の政府の対策は後手後手で、年金を払う時期を遅らせるとか、医療費の自己負担率を上げるとか、ろくなアイデアがありません。

そんなことより、高齢者が意欲を失わないような社会をつくって、みんなを若返らせるような政策を考えればよいのです。

そして、個人としてのわれわれは、意欲を失わないためにもっとも効果的である「見た目が若くする生活」を始めることです。

次章からは、その具体的な方法を考えていきたいと思います。

第2章

見た目年齢若返りは
おしゃれから

男性はスーツを着れば断然若く見える

見た目を若くするには、前章で述べたように、おしゃれをすることが重要です。おしゃれするということは、他人に見られることを意識しているわけですから、適度な緊張感をともないます。

前章で、男性は定年退職がきっかけでスーツを着る機会がなくなると言いました。ところが、スーツをやめて、外出するときも、ポロシャツとかセーターを着て歩くようになると、人から見られているという緊張感がなくなるのか、表情もだらしなくなり、老け込んで見える男性が多いように思います。

年をとって一番老けて見えないかっこうは、男性なら断然スーツだと私は考えています。スーツを着ていると、まわりから「お爺さん」と呼ばれる年齢でも、いわゆるお爺さんには見えません。

年をとればとるほど、外に出るときは、ちゃんとしたかっこうをしているほうが若く見える。そういう法則があるような気がします。

みなさんはどういう印象を持っているでしょうか。60代や70代でも、スーツを着てさっそうと街を歩いている男性はかっこよく見えませんか？

そんな印象もあるので、私は定年した後も、スーツを着る機会が多い男性のほうが若く見えると思っています。

私は若い頃からおしゃれが好きなこともあり、服にはわりとお金をかけるほうだと思っています。

40代の始め頃の私は、『大人のための勉強法』（PHP新書）という本がベストセラーになって、さらに自営の通信教育の売り上げもよく、わりと懐具合がよい時期でした。もっとも、今は少子化で受験産業が低迷しているので、たまたまその当時がよかったという意味です。大学病院などに所属していない私は、基本的に収入は安定していません。

いずれにしても、私の場合、「お金があれば服を買いたい」という性格なので、その頃はスーツをはじめ、服装にはけっこうお金をかけていたのです。

エルメネジルド・ゼニア（以下、ゼニア）というブランドが好きだったので、数十万するゼニアのスーツも、あまり躊躇せずに買っていました。

それから私は太ってしまい、ゼニアのそのスーツが着られなくなってしまいましたが、もったいないので捨てないでとっておいていたのです。

とっておいたとしても、さすがにそのスーツは、もう二度と着られないだろうと思っていました。ところが日大常務理事の就任が決まってから、また袖を通してみたところ、サイズがピッタリだったのです。

かっこいい爺さんで死にたい

私は自分が糖尿病であることを公言していますが、糖尿病の症状の1つに「やせる」があります。エネルギーとして使われる血糖が尿から排出されるため、やせてくるのです。その結果、昔のスーツが着られるようになったというわけです。

一般に糖尿病でやせるのは危険だとされていますが、体調はむしろよいくらいです。仮に危険だとしても、私の場合は、「見た目がよくなるならいいじゃない」という考えなので、そんなに深刻に受け止めていません。

これまでの本でも述べていますが、60歳を過ぎたら、自分が生きたいように生きるのが一番です。糖尿病でも長生きするために、血糖コントロールを一生続けて、85歳まで生きられたとしましょう。でもそのために、食べたいものをがまんしたり、インスリン注射を打ちながら生きるという自分の姿は想像できません。

確かに、私はそんなに長くは生きられないかもしれません。でも好きなように生きて、85歳よりも5年、10年寿命が短くなったとしても、死ぬ間際までかっこいい爺さんとして死んでいったほうがよいと思っています。

話をおしゃれに戻すと、理事の仕事で日大に行くときは、よくこのゼニアのスーツを着て行きます。仕立てのよいスーツですから、今着てもぜんぜん古くは見えません。数十万円したスーツですが、20年たっても着られるのですから、おしゃれが好きな人なら、そんなにべらぼうに高い値段とは言えないのではないでしょうか。

よいスーツを着ると、まわりの見る目も違ってきます。今、まだ働いている人は、どこでスーツを買っていますか？　駅前の激安紳士服の店で揃えますか、それともブランドショップで仕立ててもらいますか？　最近は不景気が続き、人々の目も肥えていないので、そうではないかもしれませんが、激安紳士服の店のスーツでは、ビジネスの世界では見下す人もいるでしょう。

みんながゼニアを着る必要はありませんが、もうちょっと手を出しやすいブルックス・

ブラザーズなどのブランドにするとか、自分が着るものをもうちょっとおしゃれにしてみようという気持ちはとても大事です。おしゃれをするだけで、気分も「アガる」でしょう。

さすがにブランドのスーツは金額的に難しいというのであれば、ネクタイだけエルメスやシャネルなどの高級ブランドにしてみるのもよいと思います。

リタイアした人も同じです。サラリーマンの仕事着ではなくて、おしゃれのためにスーツを着るのであれば、激安紳士服店のスーツでは意味がありません。

よいスーツを着て、よいネクタイを締めて、帽子が似合うならよい帽子をかぶって、街に出かけてみてはいかがでしょう。きっと街を歩く人も、「あの爺さん、かっこいいな」と思うはずです。

男性も着物を着たらおしゃれに見える

会社をやめたのに、今さらスーツは？　と思っているなら、着物（和服）を着てみるという手もあります。

林真理子さんは、着物が似合う方ですが、私も林さんに誘われて、有名な呉服屋さんで着物を2着ほどつくりました。

着物は着るのがめんどうくさいので、そんなにしょっちゅう着ませんが、海外に行くときはけっこう着て行きます。

2008年に私が監督した映画『受験のシンデレラ』が、モナコ国際映画祭最優秀脚本賞ほか4冠を受賞しましたが、そのときはゼニアのタキシードを着て行きました。

でもその後、林さんから着物を勧められたこともあり、海外の映画祭には着物を着て行くようになったのです。

ところが、着物は着慣れていないので、いまだにタキシードやスーツのようには、うまく着こなせていません。

でも外国の人たちは、着物が似合っているかどうかわからないので、一緒に写真を撮ろうと言われたり、けっこう注目されるのです。

でも自分で見たら、ぜんぜん似合っていません。やっぱり着物は着慣れていないとダメだなと、反省しました。

映画監督の大島渚は、どこに行くにも着物で、トレードマークにもなっていたので、すごくよく着こなしていました。着物は普段から着ていないと、なかなか似合って見えないものなのです。

この「着慣れる」というのは、洋服でも同じです。普段はスーツを着ないのに、たまに着ても似合っていないのは着慣れていないからです。こればかりは、しょっちゅう着て、身につけていくしかないでしょうね。

林真理子さんは着物が似合う女性

林真理子さんは、着物が好きで、しょっちゅう着ていますから、とても似合っています。日大の卒業式や入学式のような晴れ舞台では、もちろん着物を着て登場します。よい着物ですから、やっぱり目立ちます。

私は23年の日大の入学式に、前述のように20年前に買ったゼニアのスーツを着て行きましたが、着物にしろ、ブランドのスーツにしろ、よい服はすごく長く着られます。それで自分の見た目もよくなるのですから、よい投資だと思います。

林真理子さんは、おしゃれのために着物を毎年新調していますし、何を着たら自分がきれいに見えるのかがわかっていますから、きれいに見えますし、やっぱりいつまでも若々しく見えますね。

林さんの真似をしなさいとは言いませんが、女性は見た目を若くする秘訣の1つとして着物を着るのもよいと思います。

それに着物はある程度の年齢になってからのほうが似合って見えるもの。よく若いモデルが着物を着ているのをテレビで見ますが、背が高すぎる女性は着物がなかなか似合いませんし、顔が若すぎると晴れ着のように見えてしまうと感じます。なかなか日常の中で着こなすのは難しいものです。

着物が似合っている女性は、老けて見えることがありません。老舗旅館や料亭の女将さんは、顔をよく見たら70代くらいの女性でも、年齢を感じさせないものです。それはよい着物を着ているからでしょう。女性の着物にはそんな魅力があると思います。

ファストファッションですませない

経済状況の違いにもよると思いますが、海外では年をとるほど、服にお金をかける傾向があると思います。

逆に日本の場合、年をとればとるほど、服にお金をかけなくなるような気がします。そして、それが見た目年齢を老けさせる原因にもなっていると思います。

服にお金をかけない人が、服を買うのがファストファッションの店です。ファストファッションは、一説には、「最新の流行を取り入れながら低価格に抑えた衣料品を、短いサイクルで世界的に大量生産・販売するファッションブランドやその業態」とされていますが、日本のユニクロやGU、スウェーデンのH&M、スペインのZARAといった店です。

こうしたファストファッションの特徴は、誰にでも似合うようにつくってあることだと思います。だから、普段はファッションに関心がない人が着ても、それなりにまともなかっこうに見えたりします。

若い人ならそれでもよいのかもしれません。でも、60代や70代の人が着るには、ちょっと貧乏くさいような気がします。

ところが、多くの人は、年をとったらファストファッションでいいじゃない？ と思っているようなのです。

私も旅先で替えの下着がないときなど、ファストファッションの店に行くことがあります。そこで、私と同じくらいの年齢なのに、けっこう老けて見える男性を目にすることがあって、「やっぱりよい服を買わなきゃ」と反省したりしています。

何を着るかは人によって考え方があると思いますが、私は年をとっているからこそ、よい服を着るべきだという考え方なので、経済状況が許す限り、できるだけ服にはお金をかけてよいと思っていますし、かけるべきだとも思っています。

あと何十年かしか生きられないのですから、若いとき以上におしゃれをして、人生を楽しんだほうがよいのではないでしょうか。

貯めたお金は自分のために使う

私の服にお金をかけるべきだという意見には、今の60代以上の方であれば、ある程度共感してもらえると思っています。

ところが、今の若い人たちは、服にお金をかける必要はないと思っている人が多数派のようです。自分の娘たちを見ても、そんなに服には興味がないようです。

確かに、今の30代ぐらいの子たちは、ファストファッションしか知らないわけですから、服についてはそれでよいと思っているのでしょう。

バブル崩壊後に大人になった人は、お金のかかるおしゃれをしたことがない世代ですから、あと何十年かすると、よい服を着て街を歩くという文化すらなくなってしまうのかもしれません。

そして、もしもそうなったら、その世代の子どもたちは、われわれよりもっと早く老けるのではないかと心配になります。

もちろん、服にお金をかけられない背景には、日本が30年以上も不況から抜け出せていないという現実があります。

その問題は別に考えていかなければなりませんが、少なくとも、バブル経済の豊かさを経験した世代であれば、見た目をよくするために、もう少し服にお金をかけてもよいのではないでしょうか。

私は高齢者と呼ばれる年代の経済格差は、意外に小さいと思っています。確かに、90年代末頃に、大量リストラの時代があり、そこで憂き目にあった人たちにはあてはまらないかもしれません。しかし、どうにか定年まで勤め上げることができた人であれば、定年する頃にはそこそこの年収になっていたでしょうし、それなりの退職金ももらったはずです。さらに厚生年金も企業年金も悪くはありません。みんな口では「お金がない」と言っていますが、それは外に向けてのエクスキューズで、実際はそれほど貧しくないのではないでしょうか。あるアンケート調査では半数の高齢者が「自分は豊か」と答えているようです。

少なくとも、子どもが自立して、住宅ローンも払い終わっているなら、老後にそれほど大きなお金は必要とはしないでしょう。

また、私のいろんな本で書いていますが、貯めたお金は自分のために使うべきです。子どものために残しておく必要はありません。

お金は、動けるうちに使いたい

老後のお金の使い道は、旅行でもよいし、外食でおいしいものを食べるのもよいでしょう。でも余裕があるのであれば、よい服を買うことも私は提案したいのです。

こんなことを言うと、「老後が心配だ」という人がいるのも事実です。確かに何歳まで生きるのかは予測がつかないので、貯金を減らしたくないという気持ちはわからないでもありません。

また、もっと年をとったら、介護される立場になるかもしれないから、そのときのためのお金をキープしておいたほうがよいのではないか？　という人もいるでしょう。

でも、実は要介護になっても、寝たきりになったとしても、意外にたくさんのお金はからないのです。

それは介護保険が受けられるというだけでなく、寝たきりになれば、娯楽にお金を使うことができませんし、食事にもお金を使う必要がなくなるからです。つまり、体が動かなくなってからは、お金を使う機会そのものが減るということです。

逆にいえば、お金は動けるうちに使ったほうが、自分のためになるということです。老後のための蓄えがある人なら、それを定年から死ぬまでの前半戦で使うつもりにならないと、使いきれずに寝たきりになってしまうかもしれません。

旅行が好きな人なら、体が元気なうちにどんどん旅行すればよいのです。でも90歳になってからの旅行はかなりつらいと思います。

私が温泉に行って、こんな光景を目にしたことがあります。宿泊した温泉宿の大浴場で推定80代くらいのお爺さんが入っていたのですが、1人でお風呂から出られなくなってしまったのです。

一緒に風呂に入っていた息子たちが、あわてて手助けして、やっと立ち上がることができたのですが、運が悪かったら大変なことになっていたかもしれません。

60代、70代は元気だった人でも、いつかは体が衰えてきます。そうなったら、旅行は難しくなります。

この高齢者の場合も、一緒に温泉に行ってくれる家族がいたから実現できたのです。1人では無理だったに違いありません。

お金はそうなる前に使い切ってしまいましょう。そして、見た目をよくしたいのであれば、そのお金でよい服を買ってほしいと思います。

ファッションにお金をかけてかっこよさを維持しよう

「年金生活は厳しい」という声もよく聞きますが、人が考えているほど年金生活はカツカツではありません。国民年金だけでは苦しいかもしれませんが、厚生年金を満額もらえるならそれだけでも暮らしていけるでしょう。さらに企業年金がある会社もまだまだ少なくはありません。

定年したら仕事関係での外食やパーティーなどもなくなりますし、年をとってからお金を使う機会は意外に少ないものです。

現在の日本はデフレ経済ですから、家賃と携帯電話の費用を除くと、ざっくりいって、10万円もあればギリギリ最低限暮らせます。ローンが終わっていたら家賃は要りません。となると、年金暮らしでも遊興費として月に5万円、人によっては10万円くらい使えるかもしれません。

年間では60～120万円。そのくらいのお金があれば、高級な服も決して手の出ない金額ではないでしょう。

私自身も、以前は新宿伊勢丹や玉川高島屋に行って、洋服を買っていました。当時はワインのコレクションを始める前だったので、けっこう服にはお金をかけていました。

男性の場合、若い頃はどんなに汚いかっこうをしていても、モテるやつはモテるものです。ボロボロのジーンズをはいていても、かっこいいやつはかっこいい。だけど、年をとるとそうはいかなくなるのです。

逆に、それなりの年齢になったと自覚できれば、ファッションをはじめ、外から補っていくようにしないと、見た目のかっこよさは維持できません。だから、人は年をとるとよいものを持とうとするのです。

かつて講談社が出していた『男の一流品大図鑑』というムックがありました。おもにお金を持っている中高年男性向けの本ですが、載っている商品の値段を見ると、どれもびっくりするくらい高額な商品です。

それなりの年齢になって、お金がある男性なら、どれも持ってみたいと思う商品ばかりです。

でも若い人が、無理をして買ったとしても、それは似合わないでしょう。「一流品」と呼ばれる商品は、それなりの年齢にならないと似合わないからです。

シャネルは風格がないと似合わない

ヨーロッパに行くと、おしゃれな高齢女性によく出会います。そうした年代の女性にはシャネルのスーツやバッグが、すごく似合っています。

日本では一時期、「シャネラー」と呼ばれる女性たちがいました。富裕層のほか、援助交際や水商売などで小金を稼いだ若い女子とかが、シャネルを持つのが流行った時代があったのです。

昔、シャネラーをインタビューしたテレビ番組を見ていたら、10～20代のいわゆるギャルが「おばさんたちがシャネルを持っているのを見ると、シャネルが泣くわ！」などと答えている場面がありました。彼女たちは、おばさん世代にシャネルは似合わないと思っているのでしょう。

それはまったく逆で、シャネルは年齢に応じた風格がついてきたとき、初めて持てるブランドなのです。シャネラーのギャルの中には、店のお客さんにねだって買ってもらったものもあるでしょう。しかし、シャネルは自分のお金で買えるぐらい稼げるようになってから持つものです。本当に自分で貯めたお金で買ったギャルなのかもしれませんが、「大人の風格もまったくないおまえたちが持ったら、よっぽどシャネルが泣くわ！」と、テレビに向かってツッ込んでしまいました。

シャネルのスーツは、自分で稼げる人や、それなりの社交界に出ている人でないと似合いません。そうでない人が着るとかっこうよく見えないのです。

シャネルのバッグを持っていても、着ているものとのギャップが大きいと浮いてしまいます。シャネルというブランドを持つということは、そういうものを身につけるということなのです。

ロレックスをするだけで見た目がよくなる

風格のある大人が身につけるもので、大事なアイテムの1つが時計でしょう。いくらスーツを着ていても、安っぽい時計をしていたら、貧乏くさく見えます。

私は基本的に1つの時計しか使いません。30年ほど前、大事な人からいただいたホワイトゴールドのロレックスです。

ロレックスは最高級時計の1つですが、永久保障ですので、オーバーホールしている限り、新品同様に動き続けます。

だから私も、3年に1度、20万円ほどかけてオーバーホールをしています。オーバーホールには1週間ぐらいかかるので、その間だけは、カジュアルなアップルウオッチなどをしていますが、戻ってくればまたロレックス一筋です。

ロレックスというのは、それを身につけているだけで風格が出る時計です。誰に言われたか忘れましたが、「ロレックスさえしていたら、ジーンズをはいても、何を着ていても、それなりにお金を持っているように見えるよ」と言われたことがあります。

ちょっとお金に余裕ができて、「時計でも買おうか?」となったら、ロレックスのような高級品を身につけるのも、見た目をよくする方法の1つです。

いわゆる「一点豪華主義」ですね。高級スーツよりもはるかに高いロレックスもありますが、それをするだけで、まわりが見る目も違ってきます。

一点豪華主義でいきたいというなら、それでもよいのです。自分の経済力の範囲内で買えるなら、そういうものを身につけるのもよいでしょう。

少なくとも、安っぽい時計をして、自分から貧乏くさく見せることはありません。それなら、時計をしないほうがましです。

フェラーリが似合うモナコの高齢者

男性でも女性でも、見た目を若くかっこよく見せたいと思ったら、ルックスが大事です。おしゃれをしたり、よい時計をしたり、運転免許を持っているならよいクルマに乗るのもアリだと思います。

日本は高齢者から運転免許を取り上げて喜ぶ国です。高齢者の運転免許の自主返納(以下、免許返納）の問題は、私がこれまで書いてきた本でも述べていますが、私は一貫して免許返納には反対の立場です。

詳しくは第5章に譲りますが、免許を返納すると、かえって老化が進みヨボヨボになってしまうことだけは先に指摘しておきたいと思います。

高齢者に対し、「免許を返納しろ」と騒ぐ異常なヒステリー国家の日本に対し、モナコという国は高齢者が生き生きと暮らしやすい国の1つです。

私は映画祭などで、これまでに5〜6回、モナコに行ったことがありますが、モナコは平均年齢が世界一高い国です。

平均寿命ではなくて、平均年齢です。22年の平均年齢のランキングは、1位はモナコで54・46歳。2位はセントヘレナの52・29歳、3位が日本の48・75歳となっています。

平均年齢が高いということは、少子化と高齢化が進んでいるということです。モナコの街で、フェラーリなどの高級車を見かけますが、そのクルマから降りてくるのは、ほとんどが高齢者です。老後の生活に余裕があり、しかもよいクルマに乗って、自分をかっこよく見せたいから、フェラーリに乗っているのでしょう。

クルマが好きならいいクルマに乗ろう

日本では、「年をとったら地味に生きるべき」という考えが支配的ですが、これも免許返納と同じで、まわりがヒステリックに騒いでいるだけだと思います。ある種の同調圧力でしょう。

だから、日本人は年をとると服にお金をかけなくなるし、クルマも安価な国産のファミリーカーですませてしまう人が多いのではないでしょうか。

決してお金がないからファミリーカーに乗っているわけではないでしょう。購入しようと思ったら、フェラーリやポルシェを買うことができる経済力を持った高齢者がたくさんいると思います。

ところが、東京でもそんなクルマを高齢者が運転しているのをめったに見たことがありません。でも高齢者と話していると、「若い頃はポルシェを乗り回していたんだよね」と言う人がけっこういるのです。

ローンを払い終わっていたり、子どもにもお金がかからなくなったなら、ポルシェぐらい買ってもバチは当たらないと思います。

クルマは乗るのに飽きたら、売ることができます。とくに今は半導体が不足しているため、中古車市場が活況を呈しています。

また円安が進んでいますから、ポルシェなどの高級外国車のリセールバリュー（再販価格）も、すごく上がっています。

もちろん、この本が出る頃には、半導体不足や円安が解消されているかもしれませんが、クルマは基本的に売ることができる商品なのです。

『老害の壁』（小社刊）に書きましたが、私がある地方のオーベルジュ（宿泊施設を備えたレストラン）に行ったとき、けっこう高齢のオーナーが、4ドアのポルシェで最寄り駅まで迎えに来てくれたことがあります。

彼は実に楽しそうに運転していましたが、これこそファン・トゥ・ドライブ（運転そのものを楽しむこと）だと思いました。

クルマ好きならわかると思いますが、クルマを所有する目的は、買い物などの移動手段を確保するだけではありません。

運転することが楽しい。そういう人であれば、乗るクルマは何でもいいというわけにはいかないのです。

モナコでも、高齢ドライバーが当たり前のように、ポルシェやフェラーリを乗りこなしている姿をよく見かけましたが、運転を楽しむことは、長く運転を続けるためにも必要なことです。

ポルシェやフェラーリに乗っていたら、運転を楽しみたいから長距離ドライブも苦にならないでしょう。いろんな風景を眺めながら運転するのは、脳の刺激にもつながるので、認知機能の低下も予防できます。実際、そんなモナコの高齢ドライバーはみんな生き生きとしていて、とても若々しく見えました。

これに対し、大事故を起こしては困るからと、免許返納を迫るのが日本です。自分が一番好きなクルマを所有して乗りこなせば、かっこうよく見えますし、それが見た目の若さにもつながるはずなのに、とても残念に思います。

吉永小百合とカトリーヌ・ドヌーヴ

俳優の吉永小百合さん（45年生まれ）は、年齢を感じさせず、いつまでも若々しい姿を私たちに見せてくれます。

彼女を見ると、女性は年齢を重ねたら、あのような見た目の若さを保たなければならないのか？　と思われがちですが、誰にでも簡単にできることではありません。

例えば、第1章で述べたように、美容外科に行ってシワを伸ばすとか、美顔エステに行くなどして、肌を若返らせることは可能かもしれません。

でもそれをしたからといって、誰でも吉永さんのようになれるわけではありません。大事なことは、吉永さんのあの若々しく見えるルックスが、彼女にとても似合っているということです。

ところが、普通の人がヘタに吉永さんのような若々しさを目指すと、「わざとらしい」とか「イタい！」（痛々しい）という感じになってしまうことが多いのです。

どういうことかというと、吉永さんは吉永さんの美学で生きているので、それを形だけ真似したからといって、誰でも吉永さんのようになれるわけではないのです。

一方、年齢にふさわしく見える生き方をしている女性は、海外の俳優などに多いように思います。

その代表ともいえるのが、カトリーヌ・ドヌーヴさん（43年生まれ）です。私は彼女が出演する映画を長年にわたって観ていますが、常々、「よい年のとり方をしているな」と感心させられます。とくに彼女の場合は、年齢にふさわしいおしゃれをしていることが、若々しく見える秘訣なのだと思います。

見た目の若さというのは、シワを伸ばしたり、エステに行ったりして若くするだけではありません。ファッションなども含めて、その年齢らしい美しさを保っていれば、見た目年齢は若くなります。その典型がドヌーヴさんだと思うのです。

60代になると60代の異性が魅力的に

人気脚本家の中園ミホさんが、以前、新聞の悩み相談の回答で、こんなことを書いていらっしゃいました。

「50代のころ、男性の仕事仲間から『中園さん、もう年齢を正直に言っちゃダメですよ。ガッカリされるから』と忠告され、すごく腹が立ちました。半世紀以上、一生懸命生きてきたのに、その年月を隠せっておかしいじゃないですか。実年齢を聞いてドン引きしたり、席を立ったりするような人とは付き合わなくていいのではないでしょうか」（日本経済新聞、なやみのとびら、21年7月8日）。

これは、年齢を聞く男性に、第1章で述べた年齢バイアスが働いているからでしょう。実年齢を聞いて引くような男を相手にするな、というのは私も正論だと思いますが、世の中には年齢バイアスに支配されている人が多いのも事実です。

残念ながら、外見が老け込んでくると、女性も男性も恋愛そのものをあきらめてしまうような気がします。

でも今は60代でもきれいな女性はたくさんいます。インターネットのランキングで、「美しすぎると思う60代以上の女優は？」というのがあったので、1位から10位までを列挙してみます。石野真子さん、吉永小百合さん、大地真央さん、黒木瞳さん、宮崎美子さん、風吹ジュンさん、紺野美沙子さん、草笛光子さん、片平なぎささん、夏木マリさんです。（gooランキング、21年5月25日）。

これを見ればわかるように、今の60代は昔の60代とはまったく違います。70代や80代でも、美しく見せる努力をしている女性は美しいのです。

男性目線ではありますが、年齢を聞いて60代と言われても、美しい女性であれば、おつきあいしてみたいと思うでしょう。

今や60代だろうが70代だろうが、魅力的であるかどうかのほうが大事です。今後はますますそうなってくると思います。

女性だけでは不公平なので、同じサイトの男性版ランキング、「シンプルに顔が好きな60代俳優ランキング」の1～10位は次のようになっています。草刈正雄さん、寺脇康文さん、渡辺謙さん、遠藤憲一さん、水谷豊さん、生瀬勝久さん、佐藤浩市さん、小日向文世さん、役所広司さん、時任三郎さんです（gooランキング、22年5月10日）。

サイトのコメントには「積み上げてきた実績だけでなく、年齢を重ねた彼らの顔からは大人の色気を感じますよね」とありますが、単にイケメンというだけでなく、大人の魅力を感じる男性ばかりです。

もう年齢バイアスにとらわれるのは、やめましょう。自分が好きな人の実年齢が何歳であろうと、おつきあいしたいと思えるかどうかのほうが大事なのです。

プチ同窓会には異性を誘おう

恋愛したいと思っても、出会うチャンスがないという人がいます。でも今はマッチングアプリというものがあるので、スマホが使えれば出会うチャンスがつくれます。

マッチングアプリに登録する男女は、異性とおつきあいすることが目的ですから、おつきあいに発展する確率も高いと言えます。60代や70代の高齢者向けのマッチングアプリを選べば、自分の年齢に近い年代の異性と出会える確率がさらに高まります。

マッチングアプリで知らない人といきなり出会うのはどうも……。という人は、プチ同窓会で見つけるというのはいかがでしょうか？

同窓会をやろうとして、同窓生みんなに連絡するのは大変ですが、仲のよかった仲間どうしで会うなら、わりと簡単にできるのではないでしょうか。だから小さな同窓会、プチ同窓会です。人数は4、5人から多くても10人くらいがよいと思います。

私の別の著書でも、昔の友人とは積極的に会うことを提案していますが、そこに異性も参加してもらうのです。

年賀状のやりとりくらいはしていても、もう何十年も会っていない昔の仲間がいると思います。連絡先がわかれば、異性の仲間も積極的に誘ってみましょう。年をとるとだんだん、昔の仲間とは会わなくなるので、誘われたほうもうれしいでしょう。

別にそこでナンパしようとあせる必要はありません。ちょっとでも「モテたい」と思う気持ちに火をつけることが大事なのです。

プチ同窓会に1人でも異性が参加するとわかれば、みんな気合いを入れておしゃれしてくるでしょう。男性の中に女性が1人というケースであれば、男性はみんなスーツを着てくるかもしれません。

でも別に彼女とどうにかなろうと期待しているわけではありませんよね。人間は人の目を気にする生き物ですが、とくに見られる相手が異性だと、よく見られたいという意識が強く働くような気がします。

もちろん、異性の参加者が増えれば、その中から恋愛に発展することもあるでしょう。60代、70代ともなれば、親の介護や家族の問題で悩んでいることも多いものです。そんな異性の悩みの相談に乗ってあげたりすれば、そこから恋が始まるということもありえないことではありません。

笑いは免疫力を高めて前頭葉も刺激

異性のいるプチ同窓会だからと、ガツガツした態度を見せてはしょうがありません。お互いよい大人ですから、まずは会話を楽しむことから始めましょう。幼なじみとか、学生時代の友人は、利害関係がないので、いくらでも話題はあると思います。お互い人生経験が長いですから、昔話だけでは尽きないでしょう。

さて、会話を楽しくするためには、「笑い」を意識することが大事です。あなたは人を笑わせるトークができますか？

笑いは健康にとって欠かせないものです。笑いが免疫力を高めるというのは、いろんな研究で明らかにされていますが、60代、70代、80代を元気に過ごすためには笑いのある生活が大事です。

また意外性がないと笑いはとれないので、人を笑わせようとすると、前頭葉をよく使うことになります。つまり意欲を高めて、見た目年齢を高めるのに、笑いが重要であるということです。

よくテレビのクイズ番組に、「一流大学」の卒業を売りにしている芸人が出てきて、誰も解けないような難問を解いて話題になったりしていますが、本業の芸のほうは、僕は少しもおもしろいと思ったことがありません。クイズは強いけど、笑いがとれないのでは、この芸人は高学歴だけど前頭葉が発達していないのかもしれません。

そんな人の真似をすることはありません。今はわからないことがあれば、すぐスマホで調べられるので、知識や情報をたくさん持っていることは意味がありません。むしろ、人を笑わせたり、和ませるトーク術を持っているほうがかっこよく見えますし、異性にモテることにもつながります。

気を付けなければいけないのが下ネタです。笑いと同じように、下ネタも前頭葉を使う要素があるのですが、異性の前では注意してほしいのです。

私が理想的な生き方をしていると思っているタレントの1人に、俳優の高田純次さんがいます。彼はついつい下ネタ的なトークをしてしまうのですが、それでいて不快な感じがまったくありません。だから、彼の下ネタは天性のものだと思っています。

高田さんのような下ネタは、才能がないとできません。下手に受けない下ネタを言うと、異性が不快な思いをすることもあるので、自信がない人はやめたほうがよいでしょう。

女性のいない居酒屋談義で、おじさんたちどうしで、くだらない下ネタで盛り上がるのは別にかまいません。でもそこに1人でも女性が会話に入っているなら、下ネタはNGです。今のご時世、場合によってはセクハラになることもあるので、注意してください。

夫婦で異性とのつきあいの範囲を決める

60代や70代の恋愛を推奨していますが、パートナーがいる人は恋愛をしてはいけないのでしょうか。

どちらかというと、日本は女性の浮気に厳しいような気がします。女性が妻子ある男性と恋愛すると、有名人なら週刊誌に「略奪愛」とか書かれて、さんざん叩かれます。それに対して、男性の浮気に対してはメディアの追求も甘いですね。

男性に浮気をさせない代わりに、女性も恋愛を自主規制する。それが今の日本の考え方のような気がします。だったら、男性の浮気を許容する代わりに、女性も浮気してもよいと私は思っています。

もはや夫婦間に愛情やトキメキがないのなら、お互いに別の異性とつきあったらよいのです。そうすれば、性ホルモンの分泌もよくなり、お互いの見た目も若返ります。夫婦がそれぞれ、外で異性とおつきあいをして、家に戻ってきて、お互いの魅力を再発見するとしたら、それはそれでよいことだと思います。

そのためには、事前に夫婦間で、お互いに異性とつきあってもかまわないということを了承しておくことが重要です。

問題は肉体関係にまで発展してよいかということ。もちろん、歌舞伎の世界のように、夫婦間でそれが許容されている（今は違うようですが）ならかまいませんが、このへんは価値観なので、よく話しあっておく必要があると思います。

少なくとも、お互いが60代以上であれば、子どもができる心配はないので、肉体関係を認めてもよいような気がしますが、やっぱりさすがにそれはダメでしょうか。だったら、異性と2人だけで食事をするだけならいいけど、エッチをしては絶対にダメと、お互いにつきあってよい範囲をしっかり決めておくのはどうでしょうか。

その制約があったとしても、異性と会うのは楽しいはず。学生の頃の異性の友人に会うことすらがまんしなさいといわれたら、精神衛生上よくありませんし、見た目はもちろん、老化予防のためにもよくありません。

この意見に賛同できるなら、パートナーにもこの本を見せて、話し合ってみてはいかがでしょうか。あんがい異性と食事に行くくらいは、お互いに認められるのではないかと思います。

第3章

見た目年齢が若返る食べもの

植木等の世代から見た目が変わった

「まえがき」と第1章で述べましたが、『サザエさん』の磯野波平さんの年齢が54歳であると聞くと、みなさん驚かれると思います。

アニメの『サザエさん』の原作は新聞連載4コママンガで、その原作者の長谷川町子は1920年（大正9年）生まれです。主人公のサザエさんは、長谷川に近い年齢として設定されているので、お父さんの波平さんは明治生まれということになります。

この年齢設定が1969年（昭和44年）から始まったアニメにも引き継がれているので、現代の感覚からすると、波平さんが70代くらいに見えてしまうのです。でも昭和20～30年代の50代の見た目というのは、波平さんぐらいのイメージだったのでしょう。

今の波平さんが70代くらいにしか見えないのは、今のわれわれの見た目が若返っているからです。

その見た目のイメージの差がいつから変わったのかというと、僕は昭和1ケタ生まれ（1926～34年）の人たちからではないかと思います。

62年（昭和37年）、植木等主演の『ニッポン無責任時代』という映画が大ヒットしました。この映画は日本のジャズバンドであり、コメディアン集団でもあったハナ肇とクレージーキャッツ（以下、クレージーキャッツ）のメンバーが出演する「クレージー映画」の第1弾です。

60代以降の方なら、植木等といえば、音楽バラエティ番組『シャボン玉ホリデー』（日本テレビ）の「お呼びでない？　こりゃまた失礼いたしました！」の爆笑ギャグをご存じの方がいるかもしれません。

あるいは、植木がリードボーカルをつとめて大ヒットを記録したクレージーキャッツの『スーダラ節』や『ハイそれまでヨ』を思い出される方もいるでしょう。

さて『ニッポン無責任時代』の主人公の名前は平　均（たいらひとし）。この名前は、平均的日本人を含意しています。

植木は27年生まれ（昭和2年）で、彼が演じる平　均も昭和1ケタ生まれの設定になっていると思います。

その平　均は、会社では仕事もしないで銀座で飲んだり、ゴルフばかりしています。それがいつのまにか出世してしまうという痛快コメディーです。

平均の設定で興味深いのは、大卒であることです。映画の中では「三流大学」と言っていますが、昭和30年代といえば、大卒のサラリーマン、いわゆるホワイトカラーの会社員が増えてくる時代です。

高齢者の知的レベルが上がった

昭和1ケタ生まれの人が定年するのは、昭和から平成に変わる頃（89年前後）です。そのあたりから、平均のようなホワイトカラーが高齢者になっていくことになるわけです。ちなみに、公務員の定年が法律で60歳と定められたのが85年（それ以前は定年を定めた法律がなかった）、それ以前は多くの企業の定年は55歳でした。

平成になってからは、平均のようなホワイトカラーだった人が、高齢者の仲間入りのスタンダードになっていくわけです。

大卒の知的な高齢者は、趣味も多才ですし、知的な意欲も旺盛です。夜遅くまで好きなことに没頭している高齢者も珍しくありません。少なくとも、「高齢者は早寝早起き」というイメージはもはや通用しなくなりました。

ところが、ほとんどの人は、その変化に気付いていません。いまだに高齢者は早寝早起きで、知的レベルも低いから、難しいことは理解できないと思い込んでいます。その最たるものが、テレビ局の番組制作の人たちではないでしょうか。

かつて高齢者にとても人気のあった番組は『水戸黄門』（TBS）でした。ストーリーは勧善懲悪でわかりやすいし、最後はお決まりの葵の御紋が登場して事件が解決します。平均よりも前の高齢者ならそれでよかったのです。

ところが、テレビ局は『水戸黄門』以降の高齢者向けコンテンツを考えてきませんでした。その結果、民放の地上波では高齢者向けの番組はなくなってしまったのです。

でも決して高齢者がテレビを観ていないわけではありません。今の高齢者に人気がある番組は、ドラマの『相棒』（テレビ朝日）や『開運！なんでも探偵団』（テレビ東京）だと言います。いずれも、ある程度の知的レベルでないと楽しめない番組です。

テレビだけではありません。私の本がベストセラーになったように、今の高齢者は決して知的レベルは低くないのです。

それまで、出版社の編集者たちは、「高齢者は本を買わない」とか、「高齢者をターゲットにした本は売れない」と言っていたのです。それが誤りであったことは、私の高齢者向けの著作が売れたことによって証明されたといってよいでしょう。

粗食は見た目年齢を上げ、健康も害す

今の高齢者は、自分の興味がある分野なら、本を積極的に読む人たちです。老後の生き方や、健康についてはとくに関心が高いので、私の本は売れるのだと思います。

健康分野の本は確かによく売れるようです。ところが、その内容が玉石混淆で、しかも「石」のほうが圧倒的に多いことが問題です。

健康分野の本は、医者が著者になっているものが多いのですが、その大半が「高齢者は粗食にしたほうがよい」といった誤った情報を流しています。

しかも、著者である日本の医者のほとんどは、アメリカからの受け売り医学情報をそのまま流し続けているので、読者もそれが正しいと信じています。

アメリカのようなとんでもない肥満の人がいっぱいいる国が、心筋梗塞で死ぬ人を減らすために、低カロリーの食事を勧めるのは正しいと言えます。

ところが、たいした肥満でもない日本人に低カロリーの粗食を勧めたら、栄養不足にな

ってしまいます。

また、日本の医者は老人をちゃんと診ていません。老人をやせさせると寝たきりのリスクが高くなるのに、それがわかっている医者はほとんどいません。

私のように高齢者を専門に診たことがある医者が少ないから、今の高齢者の現状を知らない医者が多いのでしょう。

一方で、そうした健康分野の本を読みたいと思っている高齢者たちは、書かれたものを素直に信じ込みます。例えば、「高齢者は粗食にしたほうが健康によい」と書かれていたら、それを実行してしまうのです。

皮肉にも、前述の植木等が演じた平均以降の世代は、それ以前の高齢者よりも知的レベルが高く、戦後の科学万能信仰で育った世代でもあるがゆえに、ニセ科学にもだまされやすいということになるでしょう。

ここで言う粗食とは、朝はごはんにみそ汁、納豆、漬けもの。昼はそばかうどん、夏ならそうめん。夜は焼き魚と野菜の煮物、冬なら鍋もの、といったイメージです。

こういう食生活が「健康によい」と信じている人も多いと思います。でも、このような食事を続けると、見た目年齢を老けさせることになってしまうのです。

今例にあげたメニューは、たんぱく質が圧倒的に不足しています。第1章で述べたように、見た目年齢が老けている人はたんぱく質が足りていないのです。

肉を食べないと身長が伸びない

たんぱく質を摂らないと身長も伸びません。明治、大正の頃、一般庶民は肉を食べる機会があまりありませんでした。だから欧米に比べると、体が小さかったのです。

日本人が肉食を始めたのは、明治時代からだと言われていますが、明治期に栄養に関して、こんな論争がありました。

一方の論者は文豪・森鴎外（本名・森林太郎）。陸軍の軍医でもあった森は、東京帝国大学を出て、ドイツに留学して医学を学びました。

もう一方の論者は、高木兼寛という海軍の軍医で、彼はドイツではなく、イギリスに留学して医学を学んでいます。

森と高木が論争になったのは脚気《かっけ》の原因は何かということでした。現在では脚気はビタミンB_1欠乏症で起こることがわかっていますが、当時は原因がまだ特定されていなかったのです（鈴木梅太郎がビタミンの存在を発表したのが１９１１年、明治44年）。

脚気は重症化すると、心不全や末梢神経障害を起こす病気です。明治時代の軍隊には、多くの脚気患者がいて、全兵士の３～４割が罹患していたと言われています。

高木はイギリスで臨床医学を学びながら、イギリス人が肉をいっぱい食べていることに注目しました。イギリス人の体が大きく、脚気も結核も少ないのは、肉を食べているからに違いないと考えたのです。

高木は帰国後、脚気はたんぱく質が少なく糖質が多いときに起こると主張し、これを確かめようとしました。

そこで海軍の脚気患者10名の半分を米食中心、もう半分は肉を含む洋食にしたところ、洋食群の脚気が改善しました。

さらに、遠洋航海に出る兵士でも、同様の試験を行ったところ、今までの食事をしていた戦艦では25名が亡くなったのに対し、洋食を食べさせた戦艦では１人も死亡者がいませんでした。これらの結果から、１８８３年（明治16年）、高木は脚気の「栄養原因説」を提唱したのです。

これに反論したのが森です。森が留学したドイツでは、細菌学の研究が盛んで、脚気も伝染病の1つだと考えられていたため、森も脚気は感染症だと疑いませんでした。そして、高木の説は、統計の取り方などに不備があるなどとして認めようとせず、陸軍では今までどおりの米食を続けさせました。

高木と森の論争は決着がつかなかったため、その直後の日清戦争（1894年、明治27年）や日露戦争（1904年、明治37年）において、陸軍では約29万人が脚気になり、約3万人が死亡しています。

文豪・森鷗外が、医者としては自らの説をガンコに貫いたが故の大失態として、よく知られているエピソードです。

一方、森の反論により高木説が主流派にならなかったため、せっかくのチャンスだったのに、日本人の体格は向上しませんでした。

だから当時の日本軍の兵士は小さかったのです。シベリア出兵（1918年～1922年、大正7～11年）で、米英中国など各国の兵士と一緒に日本兵が映っている写真が歴史の教科書などにも載っていますが、もっとも背が低いのが日本兵です。ネットで見ることができるので、興味のある人は検索してみてください。

昔から日本人は肉を食べていた

先に日本人が肉を食べるようになったのは、明治時代からだと言いました。文明開化で何でも西洋に習おうと、肉食を始めたとされています。

一方、日本は仏教が伝来してから肉食をやめて、明治になるまでは一切肉を食べていなかったというのが表の歴史として伝えられていますが、実はしっかり食べていました。もっとも肉を食べていたのは戦国時代です。戦国武将はけっこう体が大きい人が多かったといわれています。彼らは肉もしっかり食べていたと想像できます。

ただ、庶民は肉を食べていないので、平均身長は低いままでした。庶民も肉を食べるようになって身長が伸びてきたのは、戦後になってからです。

敗戦直後は、食べるものがなかったので栄養状態も悪く、子どもたちもやせほそっていました。

子どもはたんぱく質が不足していると、成長できません。そこで、国連児童基金（UNICEF）が、学校給食を通じて脱脂粉乳の配布を開始しました。そのおかげで、子どもたちがたんぱく質を摂れるようになったわけです。

戦後、学校給食を食べていた子どもということは、35〜40年（昭和10〜15年）くらいに生まれた人。昭和1ケタ生まれの人たちは、10代後半か20代になっているので、それより少し後の世代ということになります。

実際、昭和10〜15年生まれくらいから、小さい人がすごく減ってきました。それまでの日本人の身長は、男性で150cm台が普通でしたが、脱脂粉乳を摂るようになってから身長が伸び始めたのです。

たんぱく質が重要であることがわかってから、日本人も肉を積極的に食べるようになってきました。

昭和（昭和24〜53年。1949〜78年）生まれの「小学生が好きな食べ物ランキング」というのがあるのですが、ベスト3は1位から、カレーライス、鶏のからあげ、ハンバーグとなっています。昭和の子どもたちも肉が大好きだったのです。

家庭での肉食があたりまえになってくると、日本人の平均身長はどんどん伸びていきました。私が生まれた頃（60年、昭和35年）からは、男子は170cmくらいになりました。

その後も肉食がずっと続いていれば、今頃は日本人も欧米人と同じくらいの平均身長になっていたかもしれません。

昭和50年代から肉を増やすのをやめた

ところが、75年（昭和50年）くらいから、身長の伸びも頭打ちになってきました。それは決して、栄養状態がピークに達したからではありません。

同じ頃に言われ出したのが「肉の食べすぎは体によくない」でした。肉を摂りすぎると、心臓や血管にダメージを与えると言われるようになってきたからです。

そこから、「肉は減らそう」と言われるようになってきたのです。この根拠とされたのが、アメリカでの研究でした。

その頃のアメリカ人の食生活というと、300g以上の牛ステーキを平気でペロリと平らげているような時代です。それに対し、日本人は1日70gぐらいしか肉を食べていません。私に言わせれば、むしろ日本人はもっと肉は食べないといけなかったのです。

それなのに、日本の医者たちも、「アメリカの医学の最新研究が肉を減らせといっているんだから、日本人も減らすべきだ」と言い始めたので、もうそれ以上、食べる肉の量が増えることはあまりなくなってしまいました。

今も変わっていませんが、日本ではアメリカ医学は何でも正しいということになっています。日本の医学は、いまだにアメリカ礼賛なのです。

肉を食べないとがんのリスクが上がる

アメリカ人と日本人では、もともとの体質も食生活も異なります。寿命を延ばすための対策も違って当然です。

何しろ日本人の死因の1位はがんなのに対し、アメリカ人の死因のトップは心筋梗塞などの虚血性心疾患です。日本はがんで死ぬ国なのに、心筋梗塞で死ぬ国のデータを持ってきても、あてになるはずがありません。

アメリカが心筋梗塞で死ぬ人がもっとも多いのは、肥満が多いからです。それも日本人の感覚からしたら超肥満です。

BMI（肥満指数）という値があります。体重（kg）を身長（m）の二乗で割って求められる数値ですが、これが25以上だと日本では肥満ということになっています。

ところが国際的には30以上が肥満となっていて、この基準にあてはまる肥満がアメリカでは30％以上もいるのに対し、日本で同じ基準の肥満の人は3％しかいません。

ＢＭＩ30がどのくらいかというと、身長が１７０㎝の人なら、89㎏で30を超えます。アメリカではこのくらいの肥満の人が、10人のうち３人もいるわけです。このデータが日本人にあてはまるわけがないでしょう。

このような肥満の人はコレステロール値が高くなって、動脈硬化が進みやすく、心臓の血管が詰まって心筋梗塞を起こしやすいとされています。

一方で、コレステロールは体になくてはならない物質で、免疫細胞をつくる材料になるもの。つまり、コレステロールを無理に下げると、免疫力が下がってしまうのです。

免疫力と関係が深い病気ががんです。人体は細胞分裂しながら、新しい細胞と入れ替わっています。その際、古い細胞の遺伝子がコピーされて、新しい細胞がつくられます。このとき、ミスコピーが起こることがあります。

これは人体ではしょっちゅう起こっていることで、ミスコピーされた細胞は、免疫によって駆除されます。

しかし、免疫力が低下していると、免疫の監視の目をかいくぐってミスコピーした細胞が増殖を始めます。これが大きくなったものががんです。

前述したように、コレステロールは免疫細胞の材料ですから、これが少なくなると免疫力も低下します。

だから、がんで亡くなる人を少なくしたいのであれば、過剰なコレステロールの抑制は、ほとんど意味がありません。

いずれにしても、日本人の肥満はさして深刻な問題ではありません。それよりも、もっと肉を食べてコレステロールが減らないようにしたほうが、がん対策にはなるのです。

血圧や血糖値は寿命とは無関係

動脈硬化を進める要因として、コレステロール以上に、血圧と血糖値、そして喫煙があります。この本の読者の中にも、血圧や血糖値を下げるために減塩したり、カロリー制限している人がいるかもしれません。その目的は何でしょうか?

たぶん寿命を延ばしたいからではないかと思います。ところが、血圧や血糖値、コレステロールは寿命と関連するというエビデンス（科学的証拠）は日本にはありません。

私は長い間、高齢者医療に携わってきましたが、血糖値やコレステロールを減らすことは、寿命を延ばすことにはならないというのが結論です。血圧も極端に高くなければ死亡率は上がりません。

血圧、血糖値、コレステロールを下げようとする医者の目的は、動脈硬化の進行を防いで、心筋梗塞や脳卒中などの血管障害を予防することです。

でも血管は年をとればほとんどの人が硬くなります。それなのに、おいしくなくなるほどの減塩を強いられたり、厳しいカロリー制限をしてまで数値を下げる必要が本当にあるのでしょうか。

第2章で述べたように、私は糖尿病で血圧も高く、心不全という持病もあります。先日、血管年齢を測ったら、私の血管年齢は90歳でした。

糖尿病の指標の1つであるヘモグロビンA1cは、10・5％（正常値は4・6〜6・2％）、中性脂肪が1100㎎／dℓ（基準値は150㎎／dℓ未満）でした。

でも食事でこれらの数値を減らそうとは思っていません。なぜなら、それをしたら、一気に見た目が老け込むことがわかっているからです。

この考え方は人それぞれだと思いますが、私は内側の健康よりも、外側が若く見えるほうを選んでいます。

だからといって、内側の健康がそれほど損われているという実感はありません。それは好きなものを好きなように食べているからだと思います。もちろん、肉もいっぱい食べています。

ワインの趣味もあるので、食べるものもワインに合わせたいですね。そうすると、自然に魚と肉を交互に摂るディナーになります。

私の数値を聞いて、出版社の編集者などは「大変でしょう?」と言いますが、大変なのは数値でなくて、仕事の忙しさです。

毎月5〜6冊の本を出版していますし、日大の常務理事の仕事も加わりました。でも好きでやっている仕事なので、肉体的につらいと感じたことはありません。

健康のために意識していることといったら、好きなものを好きなように食べるのと、睡眠をしっかりとることぐらいでしょうか。毎日7時間はしっかり寝るようにしています。

エンゼルスの大谷翔平選手は、試合のパフォーマンスを上げるために睡眠をもっとも大事にしているそうです。私もこれだけの仕事量をこなすために、これからも睡眠だけはしっかりとろうと思っています。

健康至上主義は老ける

数値にこだわりすぎると、見た目年齢が上がることも珍しくありません。私自身もそんな患者さんを診ることがあります。血圧や血糖値、コレステロールの数値がどんなに優等生でも、70歳ぐらいで見た目がショボショボになっている人が少なくありません。

他の本でも書いていますが、私は65歳を過ぎたら、「健康至上主義」と決別したほうがよいと言っています。

その理由は、私が今まで接してきた高齢者でいうと、見た目年齢が若い人のほとんどが血圧やコレステロールがやや高めだったからです。

健康至上主義の人たちには、野菜が体によいという信仰があるようです。最近は、若い人の間でもベジタリアン（菜食主義者）やヴィーガン（動物性食品を一切口にしない完全菜食主義）が流行っているそうです。

しかし、動物性食品を摂らずに、十分なたんぱく質を摂ることは、生半可なやり方では到底できることではありません。

とくにヴィーガンを実践している人たちは、顔がシワシワになるなど、見た目が老けて見える人が多いと言われています。これなどは、動物性食品を避ける一方、たんぱく質が圧倒的に不足しているからでしょう。

菜食主義という思想に傾倒しているなら別ですが、少なくとも見た目年齢を若くしたいという人は、肉食を避けるべきではありません。

たんぱく質が足りないとシワが増える

たんぱく質は筋肉や皮膚などの材料になりますから、減った分を毎日補わなければなりません。

その目安は体重1kgあたり1gのたんぱく質とされています。体重60kgの人なら、1日60gのたんぱく質が必要ということです。さらに高齢になるとたんぱく質が吸収されにくくなるので、1gでは足りないという説もあります。

肉は100gで20gくらいのたんぱく質を含んでいると言われていますから、肉だけでたんぱく質を摂るなら、1日に300gの肉ということになります。

もちろん、他の食材からもたんぱく質は摂れますが、摂らなければならないたんぱく質量というのは意外に多いのです。

たんぱく質が不足すると、シワができやすくなります。皮膚にシワが目立っている高齢者に対し、私がどんな食事をしているか尋ねると、ほとんどの人はたんぱく質が不足しています。

美容の専門家に聞くと、シワだけでなく、ツヤのない肌や髪、爪にできる縦すじなどは、たんぱく質不足のサインだと言います。たんぱく質は生命維持に多く関わっている部位が優先的に使われるので、肌や髪、爪は後回しにされるのだそうです。逆にいうと、肌や髪、爪はたんぱく質不足の影響が早く現れる部位なのです。

たんぱく質が不足するとうつになりやすい

見た目年齢が若い人は、血圧やコレステロールがやや高めといいましたが、逆に、うつ気分が続いている高齢者の数値は正常だったりします。この理由にも、たんぱく質不足が関わっています。

人間の精神状態を安定的に保つために必要なのが、セロトニンという脳神経伝達物質です。セロトニンは一般に「幸せホルモン」と呼ばれているので、知っている人がいるかもしれません。

セロトニンが正常に分泌されていると、意欲が高まる一方、不安が弱まるので、意欲的に毎日を過ごすことができます。

ところがセロトニンの分泌は、年齢とともに少しずつ減少する傾向があります。ですから、本来は年齢が上がるほどセロトニンを増やすための生活習慣を心がけないといけないのに、たんぱく質の足りない食生活はその真逆を行っているのです。

セロトニンはトリプトファンというアミノ酸を材料としてつくられます。たんぱく質は、何種類ものアミノ酸によって構成されていて、体内で分解されて、体をつくる材料になるのですが、その1つがトリプトファン。そしてトリプトファンは、肉や魚、乳製品や豆などのたんぱく質に含まれています。

つまり肉などからたんぱく質をしっかり食べる食生活にすれば、セロトニンがたくさんつくられるようになるので、うつな気分も吹っ飛び、意欲的な生活が送れるようになるというわけです。

たんぱく質が足りないと、シワなどのリアルな見た目も老けると同時に、意欲が低下して、うつな気分になるので、表情も老けて見えるようになると思います。

たんぱく質を摂らないと歩けなくなる

見た目が若いか老けているかを決めるのは、顔だけではありません。例えば、歩き方がヨタヨタしている老人は、若くは見えませんね。

若い頃のようにスタスタ歩けなくなる原因の1つは、歩く習慣が少なくなること。いわゆる運動不足によって高齢者は歩けなくなります。

第1章で述べたように、コロナ禍の3年間、「高齢者は外に出るな」と言われ、それに素直に従った高齢者は筋力低下で歩けなくなってしまいました。

では運動の習慣、といっても歩くだけでよいのですが、それを始めるだけで、筋力は回復するのでしょうか。残念ながらそれだけでは回復しません。

何が必要かというと、筋肉の材料を摂ることです。筋肉の材料はたんぱく質ですから、この栄養素が不足しがちだと、普段から歩いていても、だんだん足腰の筋力は低下していきます。

筋力低下が進むと、歩くのも大変になりますから、コロナ禍のように家に閉じこもりがちになります。

そうすると、ますます筋力低下が進みます。悪循環が進むわけです。そして筋肉が著しく低下すると、寝たきりになってしまいます。

寝たきりになる前に、脳の認知機能が衰えていく人もいます。家にこもっていることで、脳への刺激が少なくなることが原因です。

このように歩くことは大事ですが、私は歩くために必要であれば、杖は積極的に利用するべきだと考えています。杖を使うのは恥ずかしいからと言って歩くのをやめるより、杖を使いこなしてサッサと歩くほうが、かっこよく見えると思います。

杖を使いこなしながら、東京の銀座あたりをさっそうと歩いている高齢者は、とてもかっこよく見えます。

また杖を使うことの利点は、転倒の予防になることです。高齢者の事故で多いのは転倒による骨折ですから、その不安がある人は杖を積極的に使用するべきだと思います。

でもせっかく杖を使うなら、おしゃれなものを選びましょう。いわゆる「ステッキ」と呼ばれるような杖です。

ヨーロッパの高齢者は、おしゃれなステッキをつきながら、かっこよく散歩しています。こういう道具にはお金をかけてよいと思います。

ヒトには60歳で死ぬプログラムがある？

これまで述べてきたように、たんぱく質が不足していると、顔の見た目も老けるし、体も弱ってきます。

だから私自身も積極的に肉を食べるようにしているのですが、やっぱり若い頃に比べると、肉がヘビーに感じられるときもあります。胃腸の機能が弱ってくるせいかもしれませんが、どうもそれだけではないような気がします。

筋力低下を防ぐ目的が大きいと思いますが、最近、高齢者にも肉食が勧められるようになってきました。でも人によっては、肉食はキツいという人も少なからずいます。そういう人は、とくに理由もなく粗食になっていくような気がします。

もしかしたら、ヒトは年をとると勝手に粗食化して、たんぱく質を避けるようになるのかもしれません。

ほんの数十年前くらいまでは、60歳前後の年齢でも、老衰で亡くなる人は珍しくありませんでした。

そこから、私は年をとると食が細くなるのは、ヒトには寿命が近づいたら老衰でおだやかに死ねるようなプログラムが備わっているからではないか？　と考えるようになりました。いわば、生き物として早く死ぬための自殺行為です。

生き物として早く死ぬための自殺行為として、ヒトはもともと60歳くらいで死ぬようにプログラムされているのではないでしょうか？　だから、年をとると肉などのたんぱく質を多く含む食品が食べたくなくなる。それはヒトにもともと備わっている遺伝子のプログラムのせいではないのか？　それが私の仮説です。

もしそれが事実だとしても、現代のわれわれはそのプログラムから外れた生き方を選んでしまいました。

実際、今や平均寿命はどんどん上がり、「人生１００年時代」とも呼ばれています。それを可能にしたのが、栄養であったり、医療であったりするのでしょう。

ヒトという生物が長生きする道を選んだのだとすれば、その次の段階を考えなければなりません。

次の段階というのは、死ぬまでの時間が延びた分、何をして生きればよいのかということです。

長生きのためだけでない医療

長生きになったのはよいけど、70歳ぐらいで寝たきりになってしまっては、やりたいことができなくなってしまいます。

つまり長く生きることを選んだのであれば、やりたいことができる体力や認知機能が必要です。見た目もそうですが、死ぬ直前まで若く元気で生きていたいですよね。

リタイアした後は、いろんなところに旅行したいと思っている人が多いのではないかと思います。でも体が弱っていては旅行には行けません。そうならないためには、筋力低下を防いで、丈夫な足腰を維持する必要があります。

ところが、今の医療は、そのことに目が向けられていません。コロナ禍では医者のほとんどが「外出自粛」に同調するような発言をしていました。

いわば日本の医療は「長生きだけはさせてあげます」という医療です。とくに日本は国民皆保険ですから、病気になったときは手厚い治療が受けられます。ある意味、よい制度ではありますが、優先順位が病気を治すことに向けられているので、患者を元気にすることが二の次になっているような気がします。

50代までは、病気になったところを治せば、回復力があるので、まあまあ元気な体に戻れます。

しかし60代や70代となると、病気になったところを治しても、老化も進んでいくので、全身が少しずつ衰えてきます。後者をどう防げばよいのかを今の日本の医療はほとんど考えていないのです。

つまり、今よりも元気になって、50代の体に戻りたいという患者がいるなら、それを可能にする医療があってよいと思うし、あるべきだと思います。

具体的にいえば、不足しているものを「足す」医療です。例えば、不足しているたんぱく質などの栄養を足す、不足している男性ホルモンや女性ホルモンを足す、あるいは見た目も足してあげる。見た目を足すには、美容医学などの手を借りなければならないかもしれません。

でも、そういう医療がないわけではありません。問題はみなさんが、足す医療を受ける気があるかどうかということです。

もう年だから、そんなに元気になってもしょうがないとか、年齢に抗ってまで見た目を若くしてもしょうがないと思うなら、見た目年齢はどんどん老けていくでしょう。

メタボ対策は見た目の若返りにはならない

1日でも長く生きればそれでよいのか？　あるいは、生きている間は元気でいたいのか？　今言っているのは、どちらを選ぶかということです。

後者を選びたいのであれば、前述の健康至上主義はそれとは真逆です。メタボ健診が始まってから、太るのは悪いことだという同調圧力が高まりました。

メタボ健診で引っかかった人は、血圧や血糖値、コレステロールなどの数値を減らそうとして、ダイエットにはげんだのではないでしょうか。

そのダイエットのやり方も、食べるものを減らしてやせようという方法が主流です。たぶんそのほうが目に見えて体重が減ってくるからでしょう。

若いうちはそのやり方でもよいと思います。しかし、年をとったら悪影響のほうが大きくなります。

その1つは、これまで述べてきた栄養不足、とくにたんぱく質の不足です。体重が減っても、筋力が低下すれば歩けなくなりますし、見た目も老けてしまいます。だから僕は無理にダイエットする必要はないと思っています。

とはいえ、見た目をよくするためにダイエットしたいという人もいるでしょう。それなら、食べるものを減らすのではなく、運動量を増やしたほうがよいでしょう。

だからといって、ランニングなどの激しい運動をいきなり始めるのはお勧めしません。関節を痛めるリスクもありますし、そもそも好きでもないことは長続きしません。

お勧めしたいのはダンスです。私も最近まで知りませんでしたが、ダンスをやっている人は、すごくやせているのです。

公衆衛生が専門で医師の木村盛世さんは、私と共著で『なぜ日本は勝てるはずのコロナ戦争に負けたのか?』（かや書房）という本を出版したり、ユーチューブの『ヒデキとモリヨのお悩み相談』という番組を一緒にやっていることもあり、よく一緒に食事をする機会があります。

テレビなどで木村さんをご存じの方もいると思いますが、体型はとてもスリムです。それなのに、木村さんと食事をすると、彼女はびっくりするぐらいよく食べます。

実は木村さんの趣味はダンスです。ダンスはエネルギー消費量が激しいので、いっぱい食べても太らないのです。逆に、それだけエネルギーを消費するなら、いっぱい食べて栄養を補給しないといけません。

木村さんは体型がスリムなだけでなく、姿勢もよいのです。背筋がしっかりしていないとダンスはできませんから、姿勢がよいのでしょう。食べるものを減らしてダイエットすると、たんぱく質が不足することが多いので、高齢者がやると姿勢が悪くなるリスクがあると思います。

少なくとも、これからダイエットしようという人は、食べるものを減らしてやせるのはお勧めできません。

たんぱく質などの栄養がしっかり摂れて、運動もしっかりやることが年をとってからのダイエットの基本です。

でもダンスに興味がなく、それに代わる運動も思いつかないなら、無理にやせる必要はないと私は思っています。

食物繊維と抗酸化物質でがんを防ぐ

前に述べたように、日本はがんで死ぬ人が一番多い国です。がんの予防で重要なのは免疫力。そこで肉を食べて、免疫細胞の材料になるコレステロールを補うのが日本人にとっては大事なのです。

もう1つ、免疫力を上げるために大事なのが野菜です。野菜には食物繊維が含まれていますが、腸内細菌のエサになる食物繊維（水溶性食物繊維）は腸内環境を整えて、免疫力を上げる働きがあるとされています。

免疫細胞の約70％は腸に集まっていると言われていて、腸内環境が整うと免疫細胞が活性化します。そこで、野菜の食物繊維を摂ることが勧められているのです。

なお、食物繊維は野菜だけでなく、きのこ類や海藻類にも含まれています。これらを副菜として摂ることで免疫力が高まります。

野菜の中には、がんの予防に役立つもう1つの成分を含むものがあります。それがトマトやピーマンなどの濃い色の野菜に含まれる色素の成分です。

トマトの赤色やピーマンの緑色には、野菜を紫外線から守るための抗酸化物質が含まれています。

ヒトも過剰な紫外線を浴びるのはよくないとされていますが、それは紫外線によって皮膚などが酸化されるからです。紫外線による皮膚の酸化は、皮膚がんのリスクを高めるので、紫外線対策が必要なのです。

酸化は体の中でも起こっていて、細胞が酸化すると遺伝子が傷つけられ、前述したミスコピーが起こりやすくなって、がんのリスクが高まります。

これを防ぐために、ヒトの体には酸化を元に戻す（還元する）酵素などがつくられているのですが、年齢とともにその量は少なくなります。

これを補う成分で、抗酸化作用が強いといわれているのが、野菜に含まれる抗酸化物質です。よく野菜は体によいといわれますが、がんが多い日本人にとって、野菜を食べる意義はここにあるのです。

ただ健康至上主義者は極端な方向に走りがちです。野菜ががんを予防するといわれると、肉を減らして野菜を中心にしてしまう人が多いのです。

肉に含まれるコレステロールも免疫を高めるのですから、まずはメインの食材である肉や魚をしっかり摂ることが重要です。野菜は副菜として摂れば十分なので、そのことを忘れないようにしてください。

外食は多種類の食品が摂れるのでおすすめ

前述の健康至上主義の人たちが考える「粗食」は単調になりがちです。肉や油の少ない食事を中心にしようとすると、食べられる食品が少なくなるので、献立のバリエーションに変化がなくなります。

「肉は体に悪いから食べない」とか、「天ぷらは油を使うから食べない」と消去法でばかりメニューを考えていると、先ほど粗食の例としてあげた、朝はごはんにみそ汁、納豆、漬けもの。昼はそばかうどん。夜は焼き魚と野菜の煮物。といったメニューの繰り返しになってしまうような気がします。

これはどういうことかというと、食事のメニューにだんだん変化がなくなってくるということです。

しかも、大事なたんぱく質も足りていません。それが見た目年齢を老けさせる大きな要因であることは、これまで述べてきました。

ここから抜け出すには、健康至上主義をやめる。つまり粗食をやめて、肉なども積極的に摂ることが大事なわけですが、それでも自宅で食べる料理のバリエーションは、それほど広がるものではありません。肉をしっかり食べている家庭ですら、食卓に上るメニューは、何種類かの料理のローテーション、あるいは組み合わせの違いだけの変化になっているのが普通でしょう。

家庭で料理をつくるのが女性であれ男性であれ、プロの料理人ではないのですから、つくれる料理の種類は限られます。つまり栄養も偏ってくる可能性があるわけです。

老年医学の立場から言わせていただくと、年をとるほど多種類の食品から栄養を摂ったほうがよいと思います。そこで、お勧めしたいのが外食の活用です。

例えば、自宅で鶏肉を食べるとしたら、普段食べる部位はもも肉かむね肉、豚や牛も肉は食べても内臓までは食べません。

でもヤキトリ屋に行けば、鶏のあらゆる部位の肉が食べられますし、内臓も食べられます。焼き肉屋で食べられる各種内臓は、普通の人は入手が難しいので、店でしか食べられません。それに最近の焼き肉屋は豚肉もメニューにあるので、1つの店でいろんな種類の肉が食べられます。

ちなみに、牛や豚の内臓には、肌の材料にもなるコラーゲンがたっぷり含まれているので、見た目にもよいと思います。

魚も自宅で食べるとなれば、まぐろの刺身か干物を含む焼き魚くらいでしょう。でも寿司屋に行けば、普段口にすることのない、いろんな種類の魚介類が食べられます。

このように、多種類の食べものをちょっとずつ食べると、不足しがちな栄養素を補うことができるのです。

また、外食で普段食べないものを食べれば、自宅で料理をつくるときのヒントにもなります。つまり、外食に行くことで自宅の料理のバリエーションも増やせるのです。

お酒は1人より誰かと一緒に飲む

お酒が好きな人なら、ヤキトリ屋などの居酒屋で飲みましょう。肉が中心の居酒屋なら、たんぱく質もしっかり摂れます。

それに、自宅で飲むより、外で飲んだほうが楽しく飲むことができます。自宅で飲むと、会話もそれほどないので脳への刺激になりませんし、そのまま寝てしまえるので、ついつい飲みすぎてしまう危険があります。

1人暮らしなら、飲みすぎを止めてくれる人もいませんし、会話もまったくありません。社会から孤立する危険もあります。

社会から孤立すると、外出も少なくなるので、筋力をはじめ体の機能が低下します。また孤立によって人と話す機会が極端に減ると認知症のリスクも高まります。

逆に外で飲めば、店の人やお客さんとの会話が生まれます。居酒屋でしゃべるのが苦手という人も、常連客の話が聞こえてくるので、脳への刺激になります。そもそも、居酒屋の居心地のよさというものは、いろんな人たちの会話が飛び交う賑やかさにあると思うので、そこに参加しているという気持ちが大事なのです。

でもどうせ居酒屋に行くなら、友人などに声をかけて、人と一緒に飲むほうが会話も弾みますし、いろんな会話ができるので、脳の老化予防にもなります。

お酒を飲むと本音が出るので、気のおけない友人の前なら、普段話せないことを話せるかもしれません。

そして、外で飲むときは、たとえ近所の居酒屋でも、きちんとしたかっこうで行くべきです。外出時におしゃれをするというのは、見た目年齢を若くする鉄則です。

お店の人もそういうところはよく見ています。身なりがきちんとしているお客さんは、お店の人や、ほかのお客さんにも安心感を与えます。

とくに初めてのお店でも、好感度がアップするようなおしゃれをして出かければ、お店やお客さんが受けて入れてくれるので、気持ちよく飲めますし、何度か通っているうちに常連として認めてもらえるでしょう。

第4章

知性がないと見た目は若返らない

キャバクラで若い人に合わせても？

これまでの章で、見た目を老け込ませないためには、意欲を失わないことが大事だと述べてきました。意欲を失わないための要素として、恋愛が重要であることも述べました。そのためには、日本という社会が高齢者の恋愛や性に対し、もっと寛容でなければならないと思っています。

ところが現実はそうなっていません。例えば、70代の男性がキャバクラに通っていようものなら、「エロ爺」と呼ばれてしまいます。

でも、その男性にしてみれば、ホステスさんに少しでもモテたいと思っているから、おしゃれをして出かけるのでしょうし、若い女性と会話を楽しむために話術をみがいているかもしれません。そうした努力は、見た目の若返りにつながるのです。

キャバクラに通うことで、男性ホルモンの分泌も増えますし、認知機能低下の予防にもなります。とくに女性にモテる話題を考えるときは、前頭葉を使うことになるので、意欲の低下も防げます。

こういう話をすると、若い人にウケるために、若者に人気のあるゲームについて勉強するとか、若者に人気の音楽を無理して聴いたりする人がいます。

なぜそんなことをするのかというと、ホステスさんから「このおじさんは、こんなことまで知っているんだ？」と思われたいからでしょう。

でもホステスさんは、おじさんの付け焼き刃の知識を聞いて、「話がつまんない」と思っていることでしょう。

そんなに詳しいわけでもないのに、無理して若い人にウケそうな話をしようとするのは、今の若い人の言葉で言えば「イタい」だけです。彼女たちは、おじさんのお客さんに対し、そんな話題を期待していないと思います。

かといって、「大人の教養…」とか「知らないと恥をかく…」といった文言を冠した教養本を読んで知識をひけらかすのも嫌われます。

本人は「君たちの知らないことをおじさんは知っているんだよ」と言いたいのでしょうけど、これも付け焼き刃の知識ですから、すぐに見抜かれてしまいます。

そもそも、「知らないと恥をかく」ことを知っていてもしょうがないと思います。今の時代、スマホで検索すれば、その手の本に書いている程度の知識はすぐに得られます。調べれば誰でもわかることなのです。

それよりは、本に書かれていないこと、普通の人は経験しないようなことのほうが、若い人には興味を持ってもらえます。そこが知的な人とそうでない人の分かれ道です。

知性は見た目を引き立てる

見た目が若く見える要素の1つに、私は「知性」があると思っています。知性は顔ににじみ出ると言いますが、知性のある顔つきは、若く見えるというよりも、見た目を引き立てる大事な要素といったほうがいいかもしれません。

ではどういう会話をする人が知的に見えるのかというと、「人生経験が長いからこそ知っていること」を話せるかどうかということになるでしょう。

こう言うと勘違いする人もいて、「俺は若い頃、部長だったんだよ」とか、過去の自慢話ばかりする人がいます。

最悪なのは、その自慢話を毎回飽きずに繰り返す人です。別にその人が昔部長だったことは、誰も興味がありません。むしろ嫌がられるだけでしょう。

ただ、年をとればとるほど、「この人の話はおもしろい」と「この人の話はおもしろくない」の差は大きくなってきます。

でもこれを読んで、前述の知識本に走るのでは本末転倒。それよりも、「100軒のラーメン屋を回って見つけたおいしい店のベスト3はこれ」といった知識のほうがよっぽど若い人に興味を持ってもらえるでしょう。

自分が実際に食べた店なら、どのようにおいしいのかをリアルに語れるでしょう。そういう話のほうが若い人たちの耳に残るはずです。

どうせ行くなら知的ママのいる店へ

知的な会話ができる人がモテるのは、キャバクラよりも、クラブのほうかもしれません。若者がダンスをしに行くクラブではなくて、「銀座のクラブ」とか「高級クラブ」といった意味のクラブのことです。

キャバクラのホステスさんは、若さだけが売り物のことが多いですが、クラブのママやホステスさんは、いろんな職業の男性と会話ができるように、日々勉強しています。

最近はどうなのか知りませんが、昭和のクラブのママは、お店を開ける前に新聞を2〜3紙読んで、お客さんの話についていけるように努力していたと言います。

銀座のクラブともなると、ハイソサエティのお客さんがたくさん来ますが、それを接待するママやホステスさんたちも洗練されていて、知的な会話がなされます。

セクシーな要素もないわけではありませんが、いわゆる性的なサービスは一切ありません。「クラブ文化」といってもよいと思いますし、日本文化の1つと言ってよいくらい独特なカルチャーなのです。

銀座のクラブでモテるお客さんというと、作家が思い浮かびますが、彼らは決して、作家という肩書きでモテているわけではないでしょう。

彼らがどんな会話をクラブでしているのかはわかりませんが、きっとそこには、ホステスさんたちをステキだと思わせる会話があるはずです。作家だからモテるのではなくて、会話が知的でおもしろいからモテるのだと思います。

逆に、お金だけあっても、知性のカケラもないような人がクラブに行っても、ホステスさんにバカにされるだけでしょう。そういう人は、キャバクラに行ったほうがモテると思います。

知性を磨きたいなら、キャバクラよりはクラブに行って、百戦錬磨のママやホステスさんたちにおもしろいと思われるような会話ができるようになければなりません。

といっても、全方位的に何でも知っている必要はありません。他の人には真似ができない、自分の得意な分野があれば、みんなが知っているようなことを知らなくても、そこは愛嬌と思ってもらえます。

大橋巨泉がMCをしていた『クイズダービー』（TBS、76〜92年）のレギュラー回答者だったフランス文学者の篠沢秀夫教授（学習院大学名誉教授）は、自分の専門分野しか勉強していないのか、回答率が低かったことで話題になりました。そのため、巨泉が設定するオッズ（倍率）はいつも高配当でした。

でも篠沢教授が知らないことは恥ずかしいことではありません。専門分野に関しては当然詳しいので、尊敬はされても、バカにされることはありません。というか、そこを楽しむ番組だったのです。

場末のスナックでも、知的なママがやっているお店があるものです。そういう店では、下ネタを連発するようなお客さんよりは、知的な会話がサラリとできる人のほうがモテるでしょう。

お店としては、お金をいっぱい使ってくれるお客さんは大事だから、お金を持っていればそこそこモテるかもしれません。

でも心から「いい人だな」と思われたり、ある種の尊敬を持って相手をしてもらうには、知性が大事だと思います。

女性のための知的会話系ホストクラブ

今まで男性の話をしてきましたが、女性はどうでしょう。女性が行くお店としては、例えばホストクラブがあります。

ホストクラブの歴史というのは意外に古くて、私が子どもの頃にはすでにありました。でもその頃から、ホストクラブというのは、少しも進化してないような気がします。

ホストクラブの客層はお金のある女性たちで、お金持ちのマダムもいれば、もっと高齢の資産家の女性もいたりします。

若い女性のお客さんもいますが、彼女たちはお金がないので、キャバクラのような水商売で働いて、そのお金をホストクラブにつぎ込んだりしているのでしょう。

ホストクラブの基本的なシステムは、お金を使えば使うほど、ホストたちにモテるようになっています。

お金を使ってもらうためには、高いお酒を注文してもらわないといけません。それで、ドンペリニヨンなどの高級シャンパンを何本も注文させて、シャンパンタワー（シャンパングラスをピラミッド状に積み重ね、上からシャンパンを注ぐセレモニー）なる遊びをしてバカ騒ぎしたりしているわけです。

そういったバカ騒ぎのためにお金を使ってくれるお客さんほどモテるシステムになっているから、ホストとの会話には知性のカケラもありません。私に言わせれば、日本には下品系ホストクラブが多すぎるのです。

男性には知的な会話が楽しめるクラブがあるのに、女性にはおそらくほとんどないと思います。

その理由はわかりませんが、もしも私がホストクラブを経営するのであれば、「一流大学」を出た知的な会話ができる男性を集めて女性向けの知的会話系ホストクラブをつくったらよいのにと思っています。

どのくらい流行るかはわかりませんが、知的会話系ホストはけっこう流行るのではないかと思っています。

カルチャースクール講師はモテモテ

なぜ流行るのかというと、今の40代、50代、60代くらいの女性たちが、スポーツクラブの男性インストラクターを好きになるという話をよく聞くからです。ボディメイク技術をやさしくていねいに教えてくれる男性がモテるのでしょう。

一方、文化系でも、知識を教えてくれる男性はモテるのです。意外に知られていませんが、カルチャースクールの男性講師とかは、受講生の女性たちにけっこうモテているようです。私自身もそういうシーンを目撃したことがあります。

たぶん講義が終わった後の打ち上げの場なのでしょう。ちょっとおしゃれなカフェで、インテリ感がただよう60~70代の男性講師を、50~70代の女性たちが10人くらいで囲んで、お茶を飲みながら楽しそうにおしゃべりをしているのです。

その様子がまるで、高級クラブのママとお客さんの男女を入れ換えたように思えたのです。女性たちはインテリ先生の話をワクワクしながら聞いていますし、先生も鼻の下を長くなんか決してしません。

そんな女性たちは見た目も若いのです。女性たちにとっては、知的会話を楽しむ場であると同時に、異性にトキメキを感じられる場でもあるからでしょう。私もちょっといいなと思いました。

あたりまえのことですが、女性も異性のいる集まりに参加すると、若く見えると思います。でも女性だけの集まりだと、若くは見えないのはどうしてでしょう。

男性は女性よりも平均寿命が短いので、パートナーと死別して独身になるケースは、女性のほうが圧倒的に多いと思います。それで独身になった女性が、女性の友だち何人かと集まって、よくおしゃべりしているのを目にすると、「ご主人が亡くなったけど、あの人は大丈夫ですね」とか「人生を楽しんでいますね」とか言う人がいますが、それはまわりの人間の勝手な思い込みではないでしょうか。

もしかしたら、その女性も新しい恋をしたいのかもしれません。いや、その気持ちがまったくない女性はいないのではないでしょうか。

別に再婚が目的でなくても、「この人、ステキだわ」と思える男性との出会いは大事だと思います。

異性との会話に胸をときめかせることができるというのは、性ホルモンも活性化しますし、見た目を若くするためのもっとも重要な要素なのです。

その出会いを保障するためには、知的会話系ホストクラブのようなものがあればよいのか、あるいは一対一でおつきあいできるマッチングアプリを活用してもらったほうがよいのか、それは私にはわかりません。

ホストとお客の関係では満足できないという人もいるでしょうし、一対一のおつきあいでなければ嫌だという人もいるでしょう。そこは、ご自分の気持ちに近いやり方を選べばよいと思います。

腰は低く、かつ賢く見せる

私は子どもの頃から勉強はできましたが、現代でいうところのＡＤＨＤ（多動性障害）や自閉症スペクトラム障害に当てはまるような症状がありました。

自分ではよく覚えていないのですが、いつも話があっちこっちに飛んでいたようです。

それで、おバカさんに見えた時期もあったと、親に言われたことがあります。

そんなこともあって、大人になってからは、自分をよく見せるにはどうしたらよいかを考えるようになりました。

林真理子さんが私のことを『成熟スイッチ』（講談社現代新書）で触れて下さっていたので、少し引用しましょう。

今の和田先生からは信じられませんが、性格が少々難ありで、医師として雇ってくれる病院がなかったというのです。そのため、和田先生は仕方なく本意ではなかった老人医療に携わることになったのだそうです。

「そこで見たのが、いくらお金があっても地位が高くても、性格が悪くて嫌われている老人には、誰も見舞いに来てくれないという現実。家族さえ訪ねてこない。年をとると人間の真価がわかる」

そこから和田先生は自分の性格を徹底的に矯正したといいます。

そのとき以来、私はできるだけ腰を低くすることを心がけています。考えてみれば、医者もお客様商売なのですから、低姿勢で接するのはあたりまえのことです。

そもそも私は大阪商人の血を引いていて、「頭を下げるのはタダ」と言われ続けて育ちました。

私の祖母はよく「世辞食わんアホはおらん」と言っていました。お世辞を言われて嫌がるような人はいないという意味です。

昔の大阪人は、儲かると思ったら、誰にでも頭を下げていました。それが大阪商人なのです。

逆に、頭を下げることができない江戸の武士たちが始めた商売を「武家の商法」といって、大阪商人はバカにしていたのです。

ところが、今は大阪が武家の商法になっています。とくに大阪の政治家やタレントは中国などに頭を下げられないから、東アジアの人たちから大阪の人間はかなり嫌われているようです。その結果、今や大阪の経済規模（GDP）は、愛知に抜かれ、福岡に追い抜かれそうになっています。

いずれにしても、私の人づきあいの基本は大阪商人。もちろん、お客様である患者さんに対して低姿勢で接するのは当然ですが、その一方で、賢そうにふるまうことも大事なことだと思っています。

いくら患者さんにやさしい先生でも、バカそうに見える医者では、患者さんも不安になるでしょう。

そもそも医者の仕事というのは、賢そうに見えて損をすることはほとんどないので、私も見た目がそんなふうに見えるように努力をしたわけです。

その努力もあって、子どもの頃に比べたら、わりあい人から知的に見えるようになったと自負しています。

人前で話すときはリハーサルを

見た目の若さは、顔にシワがあるとかないとか、髪が黒いとか白いとかだけで成立するものではありません。

今述べたように、知的な会話ができるかどうかというのも見た目に反映されます。また会話に関しては、言葉づかいなども重要です。

人前で魅力的に話すためには、話し方の練習も必要ではないかと私は思っています。コロナの前は、テレビで有名人のお葬式を放送していたりしました。そこでやはり有名人が弔辞を読むのですが、それが感動を呼ぶのは、みんな何度もリハーサルをしているからでしょう。

個性的な弔辞は、原稿も自分で書いていると思います。漫画家の赤塚不二夫の葬儀で弔辞を読んだタモリさんの「僕もあなたの作品の1つです」というフレーズは、赤塚の自宅で居候しつつ、ギャグのネタを磨いたタモリさんでなくては書けないと思います。

ところが、人前で演説するのが商売の政治家のほとんどが、リハーサルしていないというのは、どういうことなのでしょうか。

21年8月6日、広島の平和記念式典で、菅義偉首相（当時）が、あいさつの一部を読み飛ばしたことで批判されました。

後日、菅首相は読み飛ばしたのは「原稿の一部がのりで貼り付いていた」からだと釈明しました。複数枚の紙に書かれた原稿がのりでバラバラにならないようにまとめられていたのですが、のりが強くついていて、めくれないページがあったため、読み飛ばしてしまったのでしょう。

そもそも書かれている内容を理解しながら読んでいれば、読み飛ばしたかもしれないとわかるから、すぐ戻ることができるはずです。何も考えないで棒読みしているから、こんなことが起こるのだと思います。

今や政治家の演説はスピーチライターが書いた原稿の棒読みがあたりまえになっていますが、これでは聞いている人の心に刺さるわけがありません。どうしてあらかじめリハーサルをしておかないのだろうと、いつも不思議に思います。

1回でもリハーサルをしておけば、漢字の読み間違いというのもまず起こりません。リハーサルで読めなかった漢字を、辞書（今ならスマホでもできます）で調べてふりがなを振っておけばよいだけです。自分で書いた原稿ではないのですから、リハーサルしないで、上手に読めるはずがありません。

ケネディとニクソンの演説術

アメリカの第35代大統領のジョン・F・ケネディ氏は、若い頃から勉強ができて、優秀な学者肌の政治家でしたが、もともとは演説が下手だったと言われています。

それに対して、第37代大統領のリチャード・ニクソン氏は演説が上手な政治家だったと言われています。

この2人は60年の大統領選挙で争うのですが、下馬評ではニクソンが優勢でした。そこで、ケネディは優秀なスピーチライターを雇って、リハーサルを繰り返し、テレビ討論会でも名演説をして、最終的に選挙に勝って大統領に就任したわけです。

日本の政治家にも見習ってほしいと思いますが、上手に話すためにリハーサルが重要であるのは、一般人も同じです。

人前で話す機会はそんなにたくさんないのですから、そのときのためにリハーサル（練習）しないのはもったいないと思いませんか。

みなさんは結婚式でスピーチをするとき、練習しているでしょうか。スピーチをして注目されるのですから、こういうときこそ見た目が大事です。とくに60代以降の世代であれば、時間もたくさんあるのですかから、自分をかっこよく見せるために練習をするべきだと思います。

最近の漫才やコントは芸人たち自身で台本をつくっていることもありますが、昭和の時代の漫才には基本的に座付き作家というのがいて、作家が書いた台本を一生懸命練習していたと言います。

アドリブに見えるようなかけあいも、実際はアドリブではなかったとも言われています。

そのくらい稽古を繰り返していたようです。

漫才の名人と呼ばれた横山やすし・西川きよしの漫才にも、座付き作家の台本がありました。

もちろん、稽古していく中でのアレンジやアドリブもあると思いますが、基本的なストーリーはみんな同じ。それをよりおもしろおかしく見せるために稽古を繰り返し、「やすきよの芸」に磨き上げていったのでしょう。

かつて会社員であった人は、会社に就職するときに面接を受けたことがあるでしょう。そのときに練習して行きましたか？　面接でよい印象を持ってもらうためには、ちゃんと練習しているかどうかが大きいのは言うまでもありません。

努力をしないとうまくは話せません。居酒屋でここぞというときに話すネタを持っているなら、原稿にして練習してみるとよいでしょう。

練習すれば、ここは言い回しを変えたほうがよいとか、ここで話を盛り上げればよいのかな？　といったことがわかります。

その努力が本番に発揮されないわけがありません。人前でみんなに注目されたいと思ったら、スピーチのリハーサルをすることをお勧めします。

私もリハーサルまではしませんが、誰かと会う約束があると、その相手に合わせて、何を話せばよいかよく考えてから臨みます。

それを頭の中でシミュレーションしておくだけでも、人が聞いておもしろいと思う会話ができると思います。

ワインの話をするならこんなふうに

今は何でもスマホですぐ調べられる時代ですから、「人が知らないことを教えてあげる」といった態度では、聞いてくれる人を惹きつけられません。同じテーマについて話すにしても、聞いている人がワクワクするようなストーリーを考えることが重要です。

私は講演の仕事もしているので、どうやってこの話をおもしろく話すか？　ということをいつも考えています。逆にそこまで考えて話さないと、聞いてくれる人に興味を持ってもらえません。

私の趣味の1つにワインがあるので、ワインの話をするとしましょう。ワインの知識がほとんどない人たちに向かって、例えば、フランスのボルドー地方にはドルドーニュ川とジロンド川の右岸と左岸が一大産地で、右岸の畑で採れるメルローというブドウからはこういう味のワインができて……。というように、ワインに詳しい人が一般の人向けにワインの話をしようとすると、このように、土壌がどうだとか、ブドウの品種がどうだとかいう話をしがちです。でもワインの知識がない人には、ぜんぜんおもしろくはありません。だから私は、講演会でワインの話をするときは、例えばこんなストーリーを話したりします。

ロバート・パーカーというアメリカのワインの評論家がいます。酒屋さんのワイン売り場のポップでも見られる名前なので、知っている人もいるかと思います。

パーカーはソムリエでも何でもなく、本来の職業は弁護士でした。弁護士になって3年目、パーカーは弁護士仲間でシャトーマルゴーというボルドー産の高級ワインを初めて飲みました。すると、一口飲んだとたん、仲間たちは黙り込んでしまいました。

そのときパーカーは、「君たちの言いたいことはわかる。まずいんだろ?」と言ったというのです。

パーカーが言いたかったのは、アメリカの味のしっかりしたワインを飲み慣れている人たちにシャトーマルゴーは物足りなかった、また栓を開けてすぐ飲んだからおいしくなかった（ワインは空気と触れることによって味が変化する）、そして1970年代のボルドーワインはブドウの外れ年が多かった……。それらをすべて含めて、そのときに飲んだシャトーマルゴーはおいしくなかったと十分想像されます。

そのときパーカーは、フランスの偉い評論家たちがおいしいと思うワインより、自分たちのようなアメリカのど素人が味わって、おいしいと思うワインに点数をつけて、それをみんなに教えてあげたいと思いました。そこで『ワイン・アドヴォケイト』（ワインを弁護するという意味）というワイン評価誌をつくって、評価したワインに点数をつけました。それが「パーカーポイント」と呼ばれるようになりました。

確かにパーカーポイントが高いワインは、アメリカの庶民からすると、おいしいのです。そこから、素人がおいしいと感じるワインにも価値があるということになり、パーカーが世界的なワイン評論家になったわけです。

パーカーの話をするなら、もう1つ付け加えるとよいエピソードがあります。そうは言っても、「パーカーが選んでいるのは、貧乏舌のアメリカ人がうまいと思っているワインだろ?」と、フランスのワイン評論家には思われていたのです。

そんなパーカーがグレート・ヴィンテージ・イヤー（優れたワインができた年）を当て

たことも彼の評価を高めました。

前述のように、70年代のボルドーはブドウの不作続きでした。74年、75年、76年、77年……ずっとよいブドウが採れず、ワインもおいしくありませんでした。80年、81年のブドウもダメでした。だから82年のワインも、誰もおいしいワインができるとは思っていませんでした。

ところがパーカーだけが、一口飲んだ際に82年のワインはすごいと言い放ったのです。そして実際にこの年はグレート・ヴィンテージ・イヤーになりました。これを当てたことで、パーカーに対して、フランスのワイン評論家たちも文句を言わなくなりました。

こんなストーリーでワインの話をすると、ワインの知識がない人でも、けっこう関心を持って聞いてくれます。

要するに、この話は初めて高級ワインを飲んだらおいしくなかったけど、それがきっかけで、高名なワイン評論家になった人がいる、というストーリーです。

でもワインの話というと、相変わらず、右岸がどうの、左岸はどうの、この土地のブドウはこう……といった話ばかり。そんな蘊蓄を聞かされても、興味がある人どうしの会話ならいいですけど、そうでない人にはつまらないに決まっています。

私のような講演を仕事にしている者にとって、どうやったら飽きずに聞いてもらえるかというのは、すごく大事なことなのです。

イスラム法学者・中田孝さんに学ぶ

中学・高校の同級生ですが、私が学生時代の仲間うちで一番頭がいいと思っている中田孝さんという人がいます。イスラム法学者で、外見も世俗を離れたような人ですが、若者のファンがいっぱいいるのです。

中田さんは私に「著書が50万部も売れるなんてすごいなあ。僕の本なんて3000部ぐらいだよ」と言うので、「3000部じゃ食べていけないでしょ」と尋ねると、「そうなんだよね」と答えます。

では中田さんは何で食べているのかというと、ファンの人たちの寄進で食べていると言うのです。家の前に食べものが置いてあったことがあったという話もしていました。

そんな人柄からか、中田さんのまわりにはいつもいろんなファンが集まってきます。中田さんの弟子で、矢内東紀さんという人がいて、「えらいてんちょう」（通称えらてん）というペンネームで本も書いたりしていますが、他にもいろんなビジネスをやっていて、儲かると中田さんに寄進するというのです。

本当か冗談かわかりませんが、先日会って話したときに、金の延べ棒をもらったことがあると言っていました。

また中田さんは、イスラム教に帰依していますから、命は神が決めるものだという立場を貫いています。だから医者には一切関わりません。とにかくおもしろいエピソードがいっぱいあって、話し出すとキリがないくらい話題が豊富な人です。

中田さんの著書『13歳からの世界征服』（百万年書房）は、それこそ13歳の子どもでも読めるわかりやすい本ですが、中田さんの基本的な考え方が凝縮されています。教養というものは、難しい言葉でしゃべるだけではないということも、この本を読むとよくわかると思います。

この本は子どもたちの悩みに対して、中田先生が答えるという形で書かれています。その1つ、〈人生の悩み〉の中の「なぜ自殺をしてはいけないのですか？」の答えの一部を引用してみましょう。

「人を殺してはいけない」に根拠がないように、「自殺をしてはいけない」にも、もちろん根拠はありません。死にたければ死ねばいいんです。

自殺志願者を止めようとして、「生きていなきゃいけない」と言う人がいますが、それはただの呪いです。「生きていなきゃいけない」と言っている人は、自分が死ぬのが嫌なので、他の人もそうだと思い込みたいだけです。自分が生きていることには価値があると思いたい。だから、他の人に死なれたくない。自分の抱いている価値観を守るために、他人の自殺を拒んでいるだけです。

「生きていなきゃいけない」と言ったところで、人間は誰でもいつか死にます。せいぜい言えることがあるとすれば、「自殺しなくてもいつか死ぬんだから、それまで待っていたら？」くらいです。（後略）

若い人が悩みがちな質問に対して、中田さんはこんなふうに答えています。ある種の悟りきったロジックを、教養をひけらかすことなく伝えていますね。前述の「知らないと恥をかく……」といったタイプの教養本とは対極にあります。

結局のところ、理屈っぽい教養を人に教えたところで、聞くほうはつまらないと思うだけだということです。

中田さんの本に限らず、話しのネタはいろいろ探せば見つかると思います。探すポイントは、エラそうな教養からはできるだけ距離を置くことです。

専門誌や業界誌にはネタがいっぱい

誰も知らないネタ本は、思いがけないところに転がっているものです。例えば、普通の人が読まない専門誌とか業界誌とか呼ばれる雑誌もその1つです。

『月刊住職』（興山舎）というお寺の住職のための専門誌があります。74年創刊の雑誌ですが、当時の発行元であった金花舎が倒産したため、98年にいったん廃刊。その後、同じ編集スタッフで興山舎から、月刊『寺門興隆』として再スタートし、13年12月から再び『月刊住職』に改題して現在にいたっています。

私がこの雑誌を知ったのは『寺門興隆』の頃で、それに対抗するライバル誌をつくろうという話があって、そこに私のエッセイを載せたいと言われたのですが、その会社が潰れたため実現しませんでした。そんな経緯があったので、『月刊住職』という雑誌のことをよく知っているのです。

『月刊住職』の表紙には「寺院住職実務情報誌」と書かれています。内容は寺院の経営から始まって、お寺を地域の交流の場にするためのアイデアとか、お寺を災害避難所にする際の問題点とか、住職たちにとって役立つような情報が満載されています。

23年1月号の目次を見ると、「葬儀をせず火葬だけで済ませた檀信徒に住職はどう向き合うか」「僧侶が法要で常にさらされる騒音性難聴の危険性と防御する方法」「遺産を寺院に寄付したい人の実務」といった見出しが並びます。時節柄か、「10月施行インボイスに寺院対処」なんていう見出しもあります。

また『月刊住職』には「住職の研鑽強化のための法話特集」という別冊が付いています。これは、お盆やご先祖の命日に家族や親戚が集まったときに呼ばれたお坊さんが話す法話のネタ元にもなっているようです。

お盆の法話をいくつか聞く機会があると、別のお寺の住職なのに、同じ話を聞くことがあります。これは『月刊住職』がネタ元になっている可能性があります。

最近の国際情勢を絡めた法話なら、ウクライナとロシアの戦争は外せないネタの1つだと思いますが、22年6月号の別冊では、「今のウクライナの現状を憂いつつ問うべき名言」という特集が載っていました。

本誌の記事でも、一般の人がネタに使えそうなものがあります。例えば、23年1月号の「参詣者用のトイレを住職に撤去させた背徳行為の事実」という記事。登山コースにあるお寺（兵庫県・高野山真言宗寺院）のトイレを利用する登山者たちのマナーがひどすぎて、断腸の思いでトイレを撤去したという内容です。

撤去されたトイレは、檀家の女性が「トイレを新しくしたら、汚くはしないでしょう」との想いで寄付したもので、第五回西宮市都市景観賞まちなみ建築部門を受賞するほどのデザイン性が高い、かつ美しいトイレでした。

ところが、「一部の人によるマナーの悪さは変わりませんでした。手洗い場の水道の栓を壊されたり、トイレットペーパーを持っていかれたこともありました。誰が残したものか分からない汚れを、一生懸命掃除をしましたが、たまたま汚された直後に利用した人が『トイレが汚い』とSNSに投稿したのを見た時は残念な気持ちになりました」（藤原住職）ということで、トイレの撤去に踏みきったいきさつが詳しい記事になっています。

このように『月刊住職』には一般読者が読んでもおもしろい記事があり、人に話すとウケそうなネタもがいろいろあるのです。

私が知っているのがたまたまお坊さんの専門誌でしたが、みなさんもこういうネタ元を探してみてはいかがでしょうか。

ちなみに、『月刊住職』は宗教書などを専門に扱っている書店だけでなく、今ならネット書店のアマゾンでも購入できます。

売れていない本にネタが隠れている

自分はおもしろいネタを持っていないというのなら、ネタ元を工夫すればよいのです。

今はネタを探すというとインターネットを使いますが、ネットで探している限りにおいては、集まってくる情報も似たものになってしまいます。

本からネタを探すのであれば、やっぱりリアル書店、本屋さんに行って探すほうがよいと思います。

例えば、大型書店に行っても、平積みにされているとか、ベストセラーコーナーには目もくれず、棚にズラリと並んだ背表紙から、タイトルがおもしろそうなものを抜いて、拾い読みをして、ネタになりそうだったら、その本を買うというのはどうでしょう。

売れていなさそうだけど、話のネタになりそうな、おもしろい本というのはいっぱいあります。それを見つけるのです。

ネット書店で探す場合も、評価が低いけど、おもしろそうな本を探すようにしてみてはいかがでしょうか。

アマゾンのカスタマーレビューは、「星5つ」から「星1つ」までの5段階評価になっていますが、「星1つ」のレビューが10個とか20個ぐらいついている本を探すのもよいと思います。

「星1つ」のレビューがそんなにたくさんつくというのは、何か理由があるのでしょう。いわゆる、世間の常識から外れた内容なのかもしれません。

もしかしたら、本当にダメな本なのかもしれませんが、何十人もの人が「この本はダメだ」と、わざわざレビューを書くのは、何かあると思います。例えば、そういうものから、話のネタを引き出してほしいのです。

それをしないで、インターネット、とりわけウィキペディアからネタを探そうとする人が多いのが現状です。

確かにウィキペディアには、ネタになりそうなことが書いてあることもありますが、1

つのワードに対して、ほとんどの人がウィキペディアを参照するので、誰が話しても、同じような内容になってしまいます。その結果、話がつまらなくなるというわけです。

むしろ、ウィキペディアにはこう書いてあるけど、実はこういう話もあるんだという話ができたら、しゃれた人だと思われるでしょう。

今後は、今話題になっているチャットGPTを使って、スピーチの原稿を書こうとする人が出てくる可能性もあります。

小説や詩も書けるというAI（人工知能）ですから、人前で話す原稿もお手のものでしょう。でも、たぶんチャットGPTが書いた原稿はおもしろくないと思います。

チャットGPTというのは、最大公約数的なものをつくっていると思うので、1つのネタに対し、誰が原稿をつくらせても、同じようなものしかできないと思います。

昔、どこかで聞いたことがあるのですが、美人を100人集めてモンタージュすると、冴えない顔ができあがるというのがありました。美人というのは、その人の特徴というものがあるので、平均化したら美人ではなくなるということでしょうか。

逆にそんな話なら、みんながおもしろがってくれるネタになります。そういう話ができれば、「この人、ちょっと変わっていて、おもしろい」と思われるでしょう。そう思われることも、見た目の若さにつながってくるでしょう。

80歳のコンピュータマニア

もちろん、自分が誰にも負けない得意なネタを持っているなら、それをネタにして、おもしろく話せばよいと思います。

例えば、「年寄りはＩＴに弱い」というのは思い込みにすぎません。現在、80歳ぐらいで、コンピュータに詳しい人なら、パソコンがマイコン（マイコンピュータ）と呼ばれていた時代からコンピュータに触れている人も珍しくありません。

最近はアナログレコードのブームが再燃して、オーディオの真空管アンプなどの需要も増していますが、若い頃、真空管アンプを嗜んだオーディオマニアも、もう70～80代です。こういう人は、モダンジャズのレコードをいっぱい持っていると思います。

あるいは映画でも、ヌーヴェル・ヴァーグやアメリカン・ニューシネマ、60～70年代の日本映画に詳しければ、若い映画好きから尊敬されるでしょう。

年をとるとまわりに合わせて、おだやかに生きるのがよしとされる風潮がありますが、僕はもっとトンがってよいと思うのです。それが見た目の若さにもつながります。

要は若い頃ハマっていたものがあるなら、それをネタにしてみるということ。モダンジャズや60～70年代の映画も、実は若いファンがいっぱいいます。リアルタイムで経験しているのですから、ネタを新たに仕入れる必要はありません。

あとは、いかに聞いている人に興味を持ってもらえるように話すか、です。それについては、前述したように、どう話せばよいかを研究するだけです。

場数を踏んでこそ話し上手に

人前で話すというのは、どんな場合でも、「場数を踏む」ということが重要です。1回や2回ウケなかったからといってやめてしまってはもったいないと思います。

何回もやっていれば、だんだんコツがつかめてきて、それからはウケる話し方が自然にできるようになってきます。

私も講演会の仕事は、場数を踏んでいるから、それほど外すことはありません。それでもたまに外すことがあります。

それから、私の本はよく売れるといわれますが、かつてはぜんぜん売れなかった本もありました。

本というのは重版がかかって、トータルで1～2万冊売れれば、出版社としては最低限の目標をクリアしたと見なされます。

私の本も、バカ売れした本がある一方、最近では出版社にご迷惑をおかけするほど売れなかった本もありません。そのレベルを維持できるのは、本をいっぱい書いてきたから。つまり場数を踏んできたからなのです。

ここでいう場数を踏むというのは、大勢の人の前でしゃべるだけではありません。2～3人との会話でも、みんなにウケたいと思うなら、話すテーマを事前に考えて、シミュレーションして臨むのはもちろん、場数を踏んでいったほうが、相手もおもしろいと思うようになるでしょうし、自分も話していておもしろくなってきます。

そうした場数が踏める場所の1つが、ヤキトリ屋などの居酒屋です。実際、居酒屋に集まって飲んでいる高齢者は元気ですし、若々しく見えます。

それに、自宅での1人飲みはアルコール依存症になりやすいですけど、誰かと飲んでいる人はわりとなりにくい傾向があると思います。

そして第2章で述べたように、居酒屋での会話は笑いを意識することが大事です。笑いはコミュニケーションを円滑にするだけでなく、前頭葉を刺激したり、免疫力を上げる効果も期待できます。そして第3章で述べたように、ヤキトリ屋に行けば、見た目の若返りに不可欠な栄養素、たんぱく質もしっかり摂れます。

ヤキトリ屋で飲んで話すだけで、脳も体も若返るというわけです。しかも、会話の場数も踏むことになるので、知的な自分をかっこよく見せたいという人には、とてもよい会話のトレーニングの場にもなるでしょう。

第5章

見た目をかっこよくする生き方

高齢者をヨボヨボにする国

第2章で述べたように、日本は高齢者から運転免許を取り上げて喜ぶ国。70歳を過ぎて運転を続ける高齢者に対して、息子や娘たちは免許返納を迫ります。世論も高齢者の運転は危ないから、「早く返納しろ」という空気をただよわせています。

百歩譲って、高齢者から免許を取り上げるなら、必要な公共交通手段を確保してからにしなければなりません。

日本で公共交通だけで、どこにでも出かけられるのは大都市圏だけに限られます。鉄道やバス路線のない地域が、日本にはたくさんあります。

公共交通があったとしても、2時間に1本しか列車が来ないとか、バス路線に至っては午前と午後に1本ずつといったところも珍しくありません。

それでは生活に困るので、モータリゼーションが進められ、とりわけ地方ではマイカー(もはや死語かもしれませんが)で移動するクルマ社会になったわけです。

そんな地域では、免許を取り上げられたら、スーパーに買い物に行くこともできませんし、病院に行くこともできません。まさに「死活問題」です。

それなのに、高齢者が交通事故を起こすたびに、テレビのワイドショーでは「高齢者の運転は危ないから、早く免許を取り上げろ」と、ヒステリックに叫んでいます。

わけ知り顔のコメンテーターも、買い物や病院に行かれなくなる問題に触れつつも、それと事故の防止は別問題だ、などと無責任なコメントを垂れ流しています。

そもそも交通事故を起こすのは高齢者だけではありません。もっとも事故が多いのは、免許をとって間もない若い人たちです。

警視庁が発表しているデータを見ればわかるように、高齢者の事故が突出して多いわけではありません。

それなのに、ワイドショーでは、「高齢者は認知機能が落ちているから事故を起こしやすい」といった根拠のないキャンペーンを張り続けています。

それもそのはずで、ワイドショーを制作しているのは、都会育ちのボンボンばかりです。ボンボンたちには、地方の現状がわかっていないのです。

田舎に住んだことがないボンボンには、免許を取り上げることがどんな非情なことなのか、肌感覚で理解することはできないでしょう。

そうした状況があるにも関わらず、22年、JR各社はローカル線の赤字路線の廃止を言い始めました。そもそも87年に国鉄が民営化されたとき、JRグループは大都市圏の路線や新幹線の利益によってローカル線の赤字路線を支えるから、もう廃止することはないと言っていたのです。

それがコロナ禍で、このビジネスモデルが成り立たなくなったから赤字路線を廃止すると言い出したのです。

手のひらを返すように、JRは約束を破ったわけですが、それで困ることになる高齢者のことをまったく考えていません。

3年間自宅放置で寝たきりに

免許返納した高齢者はどうなってしまうのでしょうか。これには筑波大学の研究チームによるデータがあって、クルマの運転をやめて自由に移動する手段を失った高齢者は、運転を続けている人と比べて、要介護状態になるリスクが6年後には2・2倍になると発表されています。

高齢者の免許返納キャンペーンは、政府（警察庁）も後押ししていますが、いわば高齢者をヨボヨボにする政策の1つと言えるのです。

もう1つ、高齢者をヨボヨボにする政策がありました。それはコロナ禍のとき、高齢者に対して、外出自粛を要請したことです。

「自粛」の「要請」がヘンな日本語であることは、養老孟司さんも指摘されていました。「自粛」は自分の意思で行動や態度を改めるというのが本来の意味ですから、「自粛要請」は正しい日本語ではないのです。

コロナ禍の期間は3年ほどでしたが、その間、真面目な高齢者ほど「外出自粛」を守り、その結果、フレイルになる高齢者が増加しました。

フレイルは「虚弱」という意味で、健常と要介護の間にある概念とされています。要は、活動量が減って筋力や体力が弱ったり、社会的に孤立してうつになったり、頭を使わないので認知機能が衰えたりする状態のことです。つまり、放っておくと寝たきりや認知症になって、要介護に移行するような人たちがフレイルです。

コロナ禍の外出自粛で寝たきりや認知症になった人は、私に言わせれば、要介護にならなくてもよかった人です。

新型コロナウイルスが蔓延しているといっても、別に家から一歩も出てはいけないということではありません。散歩に行くことくらいできたはずです。

つまり、今までどおり足腰を使っていれば、今も歩けたはずなのに、コロナの外出自粛要請を真に受けて、外に出て歩かなくなってしまったために、歩けなくなってしまったわけです。

でも彼らを責めるわけにはいきません。なぜなら、政府もマスコミも「一歩でも外に出たら感染するぞ！」と、高齢者を脅すようなキャンペーンを張っていたからです。結局これも、高齢者をヨボヨボにする政策でしかありませんでした。

まともなアタマを持っているなら、高齢者の外出を禁じたら、介護の予算も増えることになり、政府にとってもよいことは1つもないことがわかりそうなものですが、この国は政治家も役人も、そしてマスコミもアタマが悪いのでしょうか。

そういう意味では、医者もアタマが悪いと言えます。高齢者医療に携わる医者たちによる日本老年医学会は、コロナ前はフレイル対策を意識して、高齢者はなるべく外を歩くようにと言っていたのに、コロナ禍が始まったとたん、そういうことは何も言わなくなってしまったからです。

医者の世界でも忖度体質があるのです。私は長い間、浴風会病院というところで、高齢者医療に携わった経験がありますが、大学病院の老年科のようないいかげんなところには行きませんでした。それはとてもよかったと今は思っています。

そもそも日本のほとんどの医者たちは、高齢者をちゃんと診ていません。第3章で述べたように、高齢者はたんぱく質が不足していますから、フレイル対策にはもっとたんぱく質を摂らないといけないのに、それを知っている医者が極めて少ない。だから、見た目もヨボヨボになってしまうのです。

あるいは、高齢になると血圧が上がる人が多いから、ほとんどの医者は高血圧予防のためにと減塩を勧めます。

若い人でも私は減塩の必要はないと思っていますが、とりわけ高齢者の減塩は勧められません。というより、高齢者の減塩は危険なのです。

減塩のリスクでもっとも危ないのは、低ナトリウム血症です。40～50代くらいまでは、腎臓のナトリウム（塩の主成分）を貯留する能力があるので、極端な減塩をしない限り、低ナトリウム血症は起こりにくいのですが、年をとればとるほど腎臓のナトリウム貯留能は低下します。そのため高齢者は低ナトリウム血症になりやすいのです。

低ナトリウム血症になると、頭痛や嘔吐、食欲不振、精神症状などが現れ、ナトリウムの量が著しく低下すると、昏睡やけいれんなどを起こすので、とても危険です。

でもこのことを問題にしている医者はほとんどいません。それは日本の医療は、40～50代くらいまでの体を対象にしているからです。

自分の体は自分が守る

このように、日本の社会はあの手この手で高齢者をヨボヨボにしようとしています。その結果、医療や介護の費用が増加するわけですが、その責任があたかも高齢者のほうにあるかのように問題がすり替えられています。

日本は少子高齢化が進んでいますが、厚労省の発表によると、20年の要介護（要支援を含む）認定者が約682万人です。また22年には、日本の総人口に占める高齢者の割合が29・1％で、世界の200の国と地域の中でも過去最高を記録しました。総人口の3割以上が高齢者になるのも時間の問題です。

さて、これまで消費税率が段階的に引き上げられてきましたが、消費税率が上がるたびに、政府は高齢化を言い訳にしてきました。

その一方で、若い人たちの給与明細書を見ると、社会保険料が給与から2割くらい天引きされているわけです。

若い働き盛りの人にしてみれば、なんで自分たちのお金が高齢者のためにこんなに使わなければならないのか？　と思わずにはいられないでしょう。でもそれは政府に忖度したマスコミなどの協力によって、そう思わせられているだけです。

この国の借金（国債の発行残高）は約1000兆円あります。政府はこの借金も医療費の増加など高齢化のせいだと言っていますが、これは真っ赤なウソです。

借金が急激にふくらんだのは、90年代にバブルがはじけた後、景気回復と称して、ほとんど意味のない公共事業をやり続けた結果であって、高齢化がおもな原因でできた借金ではありません。

でも政府にしてみれば、高齢化を借金の理由にしておけば、責任追及されないだろうからと、無責任なウソをつき続けているのでしょう。

みんながウソつきのこの国で、一番たたきやすいと思われているのが高齢者です。しかも高齢者は、そう言われても文句を言わないだろうとも思われています。

でもそろそろ言いたいことを言わないと、身も心もボロボロになってしまいます。見た目も、体の健康も、心の健康も蝕まれていくばかりなのです。

大事なことは、自分の身は自分で守るということ。前述のように、免許を返納したら、6年後には要介護が2倍以上に増えるのです。外出をこれからも避けていたら、フレイルになるのは目に見えています。それで本当によいのでしょうか？

クルマの運転を続けたらまわりに迷惑をかけるとか、外に出るなと言われているのに出るのは迷惑なのでは？　と、言われたとおりのことをしていたら、自分にどんな被害がおよぶのか、よく考えておいたほうがよいと思います。

高齢化問題の解決策は「若返り」

見た目に関しても、若く見せようとする高齢者に対して、日本の社会にはそれを認めようとしない空気というか、圧力のようなものが感じられます。

ボトックスでシワを取れば、「あの人、整形したわね」と言われますし、薄くなった髪を隠そうとカツラをすれば、「あいつ、ズラだぜ」とさげすまれる。これでは見た目を若くして、街をさっそうと歩こうという気持ちにもなれないでしょう。

こういう高齢者が、おとなしく家にこもって、やがて寝たきりになって、早く消えていなくなったほうが日本はよい国になるとでも思っているのでしょうか。

22年に公開された『プラン75』（早川千絵監督）という映画があります。架空の現代という設定で、日本では高齢化問題の解決策として、75歳以上の高齢者に安楽死する権利（プラン75）が認められたという物語です。プラン75を申請すれば、国のシステムにしたがって安楽死することができます。倍賞千恵子さんが演じた主人公の高齢女性は、職を失い半ば追い込まれるようにしてプラン75を申請します。

映画はこのような社会の是非を問うような内容になっていますが、今の日本社会は安楽死を認めていないものの、高齢者が早く死ぬことを望んでいる社会という点では極めて似ている状況ではないでしょうか。

高齢者が長く生きれば生きるほど、医療費や介護費が国の予算を食いつぶすという状況に対し、国には国民が納得できる解決策がありません。

ではどうすればよいのでしょうか。私が考える解決策は、「若返り」です。要介護の予算が増えていると言いますが、元気になる高齢者が増えれば、その増加分を抑えることができるからです。また労働力不足も解消するでしょう。

第3章で、見た目を若返らせるための食事について述べましたが、あの食事は健康で元気な体を取り戻せる食事でもあるのです。

さらに、プチ整形をするなり、カツラをつけるなりして、見た目をもっと若くしたいなら、どんどんやればよいのです。

自分が若く見えるという満足感は、意欲を高めるので、積極的に外に出て行くであろうし、アタマを使うので認知症になるリスクも減ります。ヨボヨボ老人にならないためには、見た目を若くすることが最優先なのです。

寝たきりになってからでは遅すぎる

医療の進歩と栄養のおかげで、日本人は世界でもトップクラスの長生きの国になりました。平均寿命は男性が81・47歳、女性が87・57歳です（21年）。60代、70代ではまだまだ死ぬ気はしないでしょう。でも長生きさえできればよいというものではありません。

寝たきりになったまま何年も生き続けていたとしても、楽しくないのではないでしょうか。

でも、つい最近まで、日本は長生き至上主義で、医療も1秒でも長生きさせるのが、医者の仕事だと考えられていました。

それがこの5年くらいで、やっと尊厳死などについて、まともに語られるようになり、無意味な延命治療はやめようという考え方に変わってきました。

どっちにしても、そんな体になってからでは、見た目をどうにかしようとしても、もう遅すぎます。ベッドから起きられなくなったら、旅行にも行けません。長生きの目的が、仮に旅行だったとすれば、その段階ではもうどこにも出かけることができないのです。

それでも長生きはしたいから、おいしくない減塩食をがまんして食べたり、感染症が流行すれば家から出ないようにしているのが今の高齢者です。そうした生活習慣がヨボヨボ老人をつくり出すことは、これまで述べてきたとおりです。

検査データは当てにならない

医者が処方するクスリを飲んでいるからといって、長生きできるとは限りません。逆にクスリのせいでヨボヨボになる高齢者もいます。

私は28歳のときから老年精神医学に関わってきて、高齢者がどういうふうに死んでいくのかを目にしています。ヨボヨボになって、寝たきりの状態が何年も続いてから死んでいく高齢者もたくさん見てきました。

その中で、検査データというものが当てにならないことも、身にしみて感じました。血圧や血糖値などの検査データが異常だらけなのに、元気に長生きできる人もいれば、タバコをバンバン吸っているのに病気とは無縁の高齢者もいました。

医者としての長年の経験のほうが、動物実験しかしていないような医者のデータよりも、よっぽど当てになります。

それなのに、患者さんを診ることがまったくなく、動物実験ばかりしている医者が、大学医学部の教授になっていたりします。

あるいは、海外のデータを持ってきて、血圧を下げろとか、体重を減らせとか言っている医者もいます。しかも、そうした生活指導によって、死亡率がどのくらい下がったのかは検証されていません。

例えば、降圧薬の効果を検証するには、クスリで血圧を下げた群と、血圧を下げなかった群で、5年後、10年後の死亡率がどう変化したかを追跡調査しなくてはいけません。ところが、日本ではごく小規模な調査はあるものの、海外で行われているような大規模な追跡調査がほとんど行われていません。

海外のデータを日本人に当てはめるのは強引すぎます。アメリカ人と日本人では食生活も体質も違います。何度も言っていますが、アメリカは心筋梗塞で死ぬ国ですが、日本はがんで死ぬ国です。アメリカのデータが当てになるはずがありません。

第1章で、50代くらいで教授になった医者は、老けて見えるという話をしましたが、少なくとも60歳くらいで老けて見える医者の言うことを、私は聞く気はありません。

彼らがクスリのせいで老けているかどうかはわかりませんが、私は彼らのような見た目にはなりたくはありません。

もしも、その教授が実年齢よりも若く見えて、かっこよければ、私も言うことを聞くかもしれませんが、現実はそうなっていません。いずれにしても、見た目はそういうふうに人に影響を与えるものだということです。

1日でも長く生きればよいのか？

ヨボヨボ老人になってもいいから、自分は1日でも長生きしたいと願うのか、あるいは多少寿命が短くなってもいいから、元気で見た目が若い人生を楽しむのか。それは自分で決めなければなりません。

私なら後者を選びます。そういう生き方を選ぶだけで、残りの人生の質はまったく変わってくるからです。

そもそも、死ぬ間際になってから、延命治療を受けるかどうかの自己選択をしても、残された時間はほとんどありません。そういうことは、もっと早く決めるべきなのです。60代になって定年退職し、子どもも大きくなったら、もう会社や子どもに対して責任を果たす必要はありません。その段階で、死ぬまでの生き方を自分で決めるというのが私は一番よいと思います。

その生き方というのが、見た目を若くして異性にモテたいでもよいし、食べたいものを食べたいでもよい。あるいは、クスリはできるだけ飲まないという選択もあるでしょう。

クスリを飲んだほうがよいかどうかは、自分の体調と相談して決めるべきです。よくそれまで飲んでいたクスリをやめたら体調がよくなったという話を聞きます。医者からもらったクスリでも、飲んで調子が悪くなったのであれば、やめたほうがよいと私は思います。

もう1つ、鏡を見ることでも自分の体調はわかるものです。つまり、見た目ということですね。鏡に映った自分の顔がさえなかったり、老けて見えたりするのも、ある種の体調といってよいと思います。見た目というのは、客観的とは言わないまでも、若いか老けているかは、見ればわかることです。

見た目をよくするための意欲を失わない

一番大事なことは、「若くありたい」という意欲を捨てないこと。第1章で述べたように、意欲をつかさどる脳の前頭葉は、40代くらいから少しずつ萎縮していきます。意欲は外見にもっとも影響を与えるので、意欲を失わないような生活を心がける必要があるというわけです。

そして、前頭葉の老化を防いで、意欲が低下しないようにするには、見た目をよくすることが大事です。あるいは、恋愛する（したい気持ち）を抑えないことであり、もっと言えば、性的なものに関心を持つことを自分に禁じないことです。

そういうふうに生きていきたいと思っていても、「整形美人」とか「ズラ」といった言葉があるように、この国では人工的に手を加えて美しく見せるとか、若く見せることが、悪いことのように語られます。

最近、見た目を理由に差別的な扱いをすることを「ルッキズム」といって、批判の対象になっていましたが、私は人の顔を「整形」呼ばわりしたり、カツラをした人を「ズラ」と呼ぶほうがよっぽどルッキズムだと思います。

それでは、生まれたときにすべてが決定されてしまいます。後で手を加えることが許されないというのでは、生まれつきの要素があまりにも大きすぎます。

生まれついてのコンプレックスを解消しようと思って、見た目をよくすることが許されないのであれば、人は何のために生きていけばよいのかわかりません。

そんなことを言う人のことは気にしてはいけません。「陰でそんなことを言っているから、あんたたちは老けて見えるんだ」と思っていればよいのです。

老け顔を生かす選択もある

これまで「見た目を若く」という言い方をおもにしてきましたが、自分に似合っていれば、無理にして若く見せなくてもよいのです。

大事なのは、かっこよく見えるかどうかです。若く見えたほうがかっこよく見える人が、一般的には多数派というだけのことです。

例えば、若い頃から「老け顔」と呼ばれる人がいますが、職種によってはそのほうが都合よいこともあります。

私はその逆で、40歳ぐらいまで童顔でした。31歳から34歳まで、私はアメリカに留学していましたが、お酒を買いに酒屋に行っても、バーに入っても、必ずＩＤカード（身分証明書）を見せろと言われていました。そのくらい童顔だったのです。

さらに、精神科の医者は、若く見られると損なのです。他の科でもそうかもしれませんが、研修医のように思われて、患者さんからの信頼感がイマイチなのです。「学生さんですか?」と言われたこともありました。

40代くらいからは、そう思われることは少なくなってきましたが、実年齢よりも老けて見えるほうが得をすることもあります。

医者の場合、年齢よりも老けて見えたほうが、患者さんがベテランの医者だと思ってくれるからです。

実際の年は1つ上ですが、私の同級生で、老け顔で得をした人がいます。彼は手先が器用で、手術が上手だったこともあり、後に大腸がんの分野では日本トップクラスの医者になっています。

その彼が学生の頃から、すごく老けて見えたのです。そこで、研修医時代はその老け顔を利用して、アルバイトに行っては、けっこうな金額のアルバイト代をもらっていました。当時の私は童顔でしたから、「老けて見えるのは得だな」と思ったものです。

見た目とセットで生き方がある

そういうケースもあるので、見た目をかっこよく見せるやり方は、決して若く見せるだけではありません。大事なのは自分のキャラ（役割）に合っているかどうかでしょう。

実年齢がいくつかということにもよりますが、やや老けた感じに見せるとか、年寄りくさいイメージを利用するという方法もあってよいと思います。

見た目というと、つい若くしないといけないように思ってしまいますが、60歳を過ぎたら、自己演出が必要だということ。自分をどんなふうに見せたら一番かっこよく見えるのか、そういう演出をしたほうがよいということです。

自己演出というのは、性格も含めてということ。自分が人とつきあうにあたって、ベテラン感をにおわせながら、相談に乗って上げるキャラがよいのか。あるいは、若づくりして、若い人たちと一緒に遊ぶキャラがよいのか、それを見極めることが大事です。

自分のキャラに合わないことを演じ続けるのは、けっこう大変なことです。ですから、自分がどんなキャラなのか、一度考えてみるとよいと思います。

見た目はもちろん大事ですが、人は見た目とセットになって生きているので、演じるといっても、自分のキャラに合ったほうがよいでしょう。

例えば、俳優の藤竜也さんみたいに、静かなバーのカウンターで、1人で飲んでいるのが似合うおじさんみたいなキャラがあります。

自分がそういうのが似合うと思うなら、そういうキャラを演じればよいし、みんなで居酒屋に集まってワイワイやるのが似合うと思っているなら、そういうキャラに徹すればよいのです。

白髪でも似合っていればよい

自分は昔から老けて見られると思っているなら、それを逆に利用するという考えもあると思います。

フリーアナウンサーの近藤サトさんは、グレイヘア（銀髪）を自身のイメージにしています。でも彼女はまだ50代ですから年齢よりも老けて見せている要素がないとはいえません。

女性は白髪を染める人がほとんどですが、つねに染め続けるよりも、いっそ開き直って、銀髪を売りにしてもよいと思うのです。

男性もハゲをズラや帽子で隠すよりも、いっそ開き直ってスキンヘッド（剃髪）にする方法もあります。それが似合うのであれば、それはそれでよいのです。

もちろん、吉永小百合さんや草刈正雄さんのように、若く見せたほうが似合う人もいます。それは、吉永さんなり草刈さんなりの美学で生きているので、とても似合っていると思います。少なくとも、「あの若づくりはちょっとイタい！」というふうには見えません。

第1章でも述べましたが、かつて「ズラ疑惑」が浮上したベテランのフリーアナウンサーの方がいます。それが事実だとしても、彼は自身の美学で生きているから、他人がとやかく必要はありません。

そういう自分なりの美学を追求するために、「自分にはこういう服が似合うのではないか？」と、いろいろチャレンジするのは、できるだけ早く始めたほうがよいと私は考えています。

そんな高価な服は買えないという人がいるかもしれませんが、子どもが独立し、ローンも払い終えて、退職金が入って、お金と時間に余裕ができたのであれば、それを始めるためのお金くらいはあると思うのですが、いかがでしょうか。

イメージチェンジは何歳からでも遅くない

年齢よりも老けたほうがかっこよいという人の参考になるのが、いわゆる「老け役者」

たちです。

男性なら笠智衆、女性なら北林谷榮のような俳優です。小津安二郎監督の名作の1つである『東京物語』（53年）のときの笠智衆の実年齢は49歳。その年齢で、約5歳下の山村聰らの父親、約15歳も年上の東山千栄子と夫婦を演じたのです。これほど老け役が似合った俳優はなかなかいません。

昔は加藤嘉や大滝秀治など、老け役の名優がたくさんいたのですが、今の俳優はみんな若づくりを目指すのか、いい感じのお爺さんやお婆さんを演じる役者が、ほとんどいなくなってしまったように思います。

逆に言えば、今の時代は何歳からイメージチェンジしても、ぜんぜんおかしくないとも言えるのです。

75歳でボトックス治療を受けてシワがほとんどなくなりましたとか、80歳で植毛を始めてイメージチェンジしましたとか、いろんな若返りの手段があると思いますが、それを始めるのは何歳になっても遅すぎるということはありません。まわりから揶揄されようが、陰口をたたかれようが、自分がそれで満足できるなら始めたほうがよいのです。人の意見は気にする必要はありません。

ルックスというのは、その人のアイデンティティの1つなのですから、自分はどういうかっこうが似合うのかを探すのは大切なことです。

その探した結論が、自分にとって肯定的なものになるのならそれでよいのです。若く見られたい人が多数派ではあると思いますが、別にみんなが無理に若返らないといけないわけでもありません。

人が生きている以上、ルックスに自信を持つべきだと思います。そこにトライすることによって、風格や貫禄というと年寄りくさい言い方ですが、その人らしさが身についていくのだと思います。

そのために顔を少しいじったり、カツラをかぶったりすると、何か悪いことをしているかのように言われるわけですが、余計なお世話。それこそ「見た目の壁」というものでしょう。理不尽な壁はさっさと乗り越えてしまいましょう。

もっとも重要なのは、鏡を見たときの顔に、自分が満足できるかということです。壁を乗り越えられずに迷っているなら、トライしてほしいと思います。

五木寛之さんの実験精神

作家の五木寛之さんと対談したとき、あまりにも若々しいのでびっくりしました（東洋経済ＯＮＬＩＮＥ23年5月10日掲載）。五木さんは90歳なのに、見た目は10歳以上も若く見えるのです。

あれだけの著作のある方ですから、いつも脳はフル回転しているのでしょう。脳を使うことが若さの秘訣だということを改めて感じました。

五木さんは私から見ると不思議な方で、自分で「健康おたく」だと言っていますが、ありとあらゆる健康法を試しています。

今年は「歩行」、その次の年は「呼吸」、というふうに毎年1つのテーマを決めて、それに関連する健康法を試しているのです。一時期は、飲み込む力について自己流のトレーニングを続けていたそうです。

ちなみに、飲み込む力（嚥下力）というのは、年をとると衰えてきて、食事が摂れなくなったり、誤嚥性肺炎を起こしたりします。

肺炎は日本人の死因の第3位でしたが、今は肺炎と誤嚥性肺炎を分けています。90歳ぐらいになると嚥下力が落ちる人が多いので、五木さんはよいテーマを選んだものだと感心しました。

でも五木さんが、ただの健康おたくと違うのは、どれか1つが正しいと決めつけて、その健康法の信者になるのではなく、自分で1つひとつ試して結論を出すことです。だから、五木さんの健康についての話には説得力があります。

この自分で試すという作業は、われわれも学ぶべきです。今はありとあらゆる情報が簡単に手に入る時代ですが、そういう時代だからこそ、自分しか知らない知識というのが大事なのです。

ネットで検索した情報にはウソも混じっています。仮に正しい情報だとしても、自分にとってその情報が役立つのかどうかは試してみないとわかりません。

それを実際に自分の体で「実験」しているのが五木さんです。この対談でも私は言いましたが、日本人は失敗ばかり恐れて実験をしません。

そもそも実験というのは、失敗するから実験です。正解があらかじめ決まっている実験はありません。

ところが小学校の理科の実験には、失敗がありません。フラスコに何ccの水を入れるとか、あらかじめ手順が決まっていて、そのとおりにやると正解になるのが、日本の学校で教える実験なのです。

失敗を繰り返しながら、真実を見つけていく。それが正しい実験です。五木先生が実践しているのは、まさに本当の意味での実験なのです。

実験は脳の前頭葉を若返らせます。前頭葉は想定外の事態が起こったときに働くので、実験精神を失わずに生きることは前頭葉をボケさせないよい刺激になるのです。

私はよく言っていますが、入ったことのない飲食店に行くのも実験です。年をとると、同じ店にばかり行く人が多いのですが、これは失敗したくないからです。

確かに、初めて入った店がおいしくなかったら、損した気分になるでしょう。でもたかが1食、失敗したからといっても、たいしたことではありません。失敗したと思ったら、2度とその店に行かなければよいだけのこと。それよりも、新しいお気に入りの店を探すという実験を続ける人生のほうが楽しくありませんか。

体の声を聞くということ

五木さんは、「体の声を聞く」ということも言っていました。五木さんは30～40代の頃、ひどい偏頭痛に悩まされていて、医学の専門書などを読んで対処しようとしたそうですが、改善しなかったと言います。

そこで自分の体を観察するようにしたら、偏頭痛が起こるのは気圧と関係があるということがわかってきたと言います。

一般的に低気圧になると偏頭痛が起こると言われていますが、五木さんの場合は、高気圧が続いた後に、一気に気圧が下がってくる曲がり角のところで偏頭痛が起きることに気付いたそうです。

それから五木さんは天気図を読んで、気圧の変化に対処するようになったと言います。そして、偏頭痛が起こるときは予兆があることに気付いたと言うのです。具体的には、上まぶたが下がってきて、それから唾液がねばつくようになるといった予兆です。その予兆に早めに気付いたら、対処できるようになったと言っていました。

それがきっかけで、五木さんは、「自分の体の声をきいて、それに素直にしたがうこと」になったとも言っています。

養老孟司さんも、まったく同じことを言っています。養老さんは20年に心筋梗塞になって、死の淵をさまよい、見事に生還されました。

医者嫌いで、普段は医者に行かない養老さんが、どうしてそのときだけは医者に行ったのかというと、体の声（身体の声）が聞こえたからだと言うのです。体調が悪くなって病院に行くことになったいきさつについて、こんなことを書き残しています（『養老先生、病院へ行く』（小社刊））。

在宅生活が続いたことによる「コロナうつ」かとも思いましたが、「身体の声」は病院に行くことを勧めているようでした。

身体の声というのは、自分の身体から発せられるメッセージのことです。例えば、昼に何かを食べて、その日の夜、あるいは次の日の朝でも、「なんだか調子が悪いな」と思ったら、昼食に食べたものが悪いとわかります。このとき自分の身体は、いつもの状況と違う何かを伝えていると考えています。

家内も早く病院に行きなさいと催促しています。長年、健康診断の類いは一切受けていなかったこともあり、仕方なしに病院に行って検査してもらおうと決心したのです。

この意見には大賛成で、私も病気や体調に関しては、体の声を聞くことがもっとも大事だと思っています。

私は糖尿病や高血圧などの持病を持っていますが、前述のように普通の医者の言うことは聞きません。

現在、私の血糖値は300mg／dℓで、上の血圧は170㎜Hg（以下、いずれも単位省略）くらいです。血糖値の一般的な基準値は空腹時で100未満、上の血圧は140未満ですから、普通の医者からするとありえない数字でしょう。

しかし、私の高齢者医療の経験から、高齢者の血糖値を100以下にコントロールしようとすると、低血糖の時間帯が生じる危険性があることを知っています。

私はクルマの運転をするので、血糖値が下がりすぎて意識障害を起こしたら重大な事故になりかねません。そこで、毎朝血糖値を測り、300を超えたときだけ数値を下げるクスリを飲むようにしています。

医者の言葉よりも体の声

これらは自分の体の声を聞きながら、自分の体で「実験」して、導きだした私だけの数値です。そもそも、人の体はみんな同じではありませんし、一人ひとり個性がありますし、生活習慣も異なります。それを一律に同じ数値でコントロールしたら、むしろ弊害が起こるのは当然のことです。

医者の言うままにクスリを飲んで体調が悪くなったり、最悪の場合、大事故に至るような生活をみなさんは選びたいのでしょうか。

私はこのやり方で元気に過ごしていますし、おしゃれを楽しみながら、仕事もバリバリこなしています。それで、数年後に亡くなることになったとしても、現在の体調のよさをとったほうがよいと思っています。

ちなみに、私は高齢者の運転事故の多くはクスリによる意識障害ではないかと思っています。

年をとると動脈硬化を起こして血管の壁が厚くなります。長年にわたって高齢者医療に携わってきましたが、実際にお年寄りを診てわかったことの1つは、動脈硬化を起こしていない高齢者は1人もいないということです。だからといって、すべての高齢者が動脈硬化から心筋梗塞を発症するわけではありません。

ただ、血管の壁が厚くなっていると、低血糖や低血圧を起こしたときに意識障害を起こしやすいのです。

高齢者から運転免許を取り上げる根拠の1つに、高齢者の重大事故がありますが、クスリを使って過剰に数値を下げていることが原因である可能性も否定できません。

私が弁護士だったら、因果関係を証明して、クスリを処方した医者に損害賠償を求めるでしょう。これもまた私が高齢者の免許返納に反対する理由の1つです。

いずれにしても、医者から言われる目標数値よりも、自分の体の声を聞くことのほうが大事だということです。

体の声を聞くためにも、鏡で自分の顔を見ることが大事です。昔は、「顔色が悪い」という言い方がありました。体調の悪化は顔に表れるのです。ところが、数値偏重の医療が一般の人たちにも浸透してしまった結果なのか、最近はあまり言われなくなりました。

前述のように人の体には個性がありますし、ライフスタイルも異なります。食べたいものを食べることをやめない、クスリはなるべく飲まないという生き方をしたほうが調子がよいのであれば、その選択をするのはその人の自由です。

そのときの体の声、自分の体からのメッセージに「見た目」があります。鏡を見るのもその1つですが、自分の体を客観的に見ることは、ファッションだけでなく、健康にとっても大事なことなのです。

年齢呪縛から自由になろう

人間は常に選択をしながら生きています。よく年をとると、「あのとき、別のほうを選んでいたら……」と後悔する人がいますが、そう思うのは過去に生きているからで、これから先のことを見ていません。そんな人は見た目も頭も、たちまち老け込みます。

老け込みたくなかったら、やりたい生き方を始めることです。自分が動かない限り、ずっと老け込んだまま。そのことに70歳で気付いたとしても、80歳までは10年あります。10年あれば、あれこれ「実験」できます。着てみたい服を着たり、よいアクセサリーや時計を買ったり、クルマが好きならよいクルマに乗ればよい。そうやって、自分の好きなことを追求するのです。

その際、変な自己規制をするべきではありません。年をとると「年齢呪縛」と言ったらよいのか、「自分はもう70だから……」とか言う人がいますが、年齢は関係ありません。

例えば、70歳でスポーツカーに乗りたいと思ったとします。それを買うお金もあるし、運転にも自信があるのに、それを年齢のせいにしてあきらめている人がいるような気がします。

状況として許されているのに、年だからと言ってやらないのは、実にもったいないことではないでしょうか。

もちろん、もうそんなものに興味がなくなったというのであれば、それは仕方ありません。それもその人の生き方です。

エロティシズムを否定しない

俳句や水墨画を嗜んだり、歴史や音楽に詳しい老人は品があるなどと言われます。そういうのが好きならそれを追求するのは別にかまいません。

その一方で、「年甲斐もなく」と言われる嗜好もあります。具体的に言えば、エッチなものへの興味です。

今の時代、インターネットで検索すると、昔あこがれだった女優のヌード写真などを簡単に見ることができます。変な道徳観でそうした欲求を満たすことを自己規制してはいけないということです。

そういう欲求があるのなら、インターネット検索だけで満足するのではなく、現物の写真集を買ってもよいのです。

そんな写真集ばかりを扱っているネット古書店などもあります。本の街と呼ばれる東京・神田神保町には、昔のアイドルの水着写真とか美人女優のヌード写真集などを専門に扱っている古書店もあります。

写真集は高いですから、思春期のリアルタイムでは買えなかった本があるかもしれません。今はもっと高く、古書店でも平気で5万円とかの値段がつけられています。でも今なら大人買いができるのですから、買うことができます。

そういった本を集める同好の士もきっといると思います。そして仲間どうしで、集めた本を見せ合うのも楽しいのではないでしょうか。

エッチな写真を見ると、男性ホルモンが増えるので、意欲も増しますし、筋肉もつきやすくなります。見た目にとっても、エッチな欲求を満たすことはよいことです。

みうらじゅんさんは、雑誌に掲載された70年代アイドルの水着写真などの切り抜きをスクラップしていて、それを今も大事にコレクションしていることを公言していますが、女性はなかなかそういうものが好きだとは言いにくい風潮があります。

でも女性のアイドル推し活も、エロティシズムは前面に出ていないものの、同じようなものだと思います。

推し活仲間どうしで集まって、おしゃべりすれば、エッチな妄想が高まるかもしれませんし、女性ホルモンが増えて、見た目の若返りにもよいでしょう。

エロスを失わない人は若い

もちろん、写真集や推し活だけで満足できなければ、恋愛をしてもよいし、性的な関係を結ぶ相手を求めてもよいのです。はっきり言ってしまえば、欲求があるならエロスに生きてもよいということです。

英語に性に関しておもしろい言葉がいくつかあります。例えば、プロミスキャス（promiscuous）という言葉があります。これは「無差別の」が転じて、相手が誰でもいいからエッチがしたいといった意味もあります。

またインセーシャブル（insatiable）という言葉もあります。これは、飽くなき欲望というか、やってもやっても、まだ欲望があるといった意味です。

そういう人はそんなにたくさんいないと思いますが、万が一、ご自分が70歳を過ぎても性欲が落ちないというのであれば、誰に遠慮することなく、それを追求してよいと私は思います。

18年に亡くなって話題になった「紀州のドン・ファン」こと野崎幸助氏は、きれいな女の人とエッチすることに人生を賭けて、実際にそれを実行し続けた人として有名です。その性豪ぶりは、『紀州のドン・ファン　美女4000人に30億円を貢いだ男』とその続編である『紀州のドン・ファン　野望篇　私が「生涯現役」でいられる理由』（いずれも講談社＋α文庫）に記されていますが、自分の欲望に正直に生きた人だと思います。

残念ながら野崎氏の最期は、殺害された可能性が濃厚です。それまでの野崎氏は、結婚しないで、たくさんの女性とつきあうことにお金も人生も費やしていましたが、最後は結婚という道を選びました。

その理由はわかりませんが、もしかしたら、ふと寂しくなったのかもしれません。別に結婚しなくても、相手の女性には不自由しなかったわけですから、結婚という形を選ぶ必要はなかったのではないかと思います。

最期は事件になってしまいましたが、野崎氏自身は誰にも迷惑はかけていません。堂々と自分の欲望にしたがった人生を貫いた人だと思います。

作家の永井荷風も、女性を目当てに風俗店に通うのを死ぬ間際までやめませんでしたが、享年79歳です。瀬戸内寂聴が99歳まで長生きしたのも、やっぱり女性としてのエロスを失わなかったからかもしれません。

結局、男も女もエロスがあったほうが長生きできるし、見た目も若くいられるということです。まだその欲求が枯れていないのであれば、それを求めることを誰からも批判されるいわれはありません。自分の欲望に正直に生きましょう。

和田秀樹（わだ・ひでき）

1960年大阪市生まれ。1985年東京大学医学部卒業。東京大学医学部付属病院精神神経科、老人科、神経内科にて研修、国立水戸病院神経内科および救命救急センターレジデント、東京大学医学部付属病院精神神経科助手、米国、カール・メニンガー精神医学校国際フェロー、高齢者専門の総合病院でもある浴風会病院の精神科を経て、現在、日本大学常務理事、川崎幸病院精神科顧問、一橋大学経済学部・東京医科歯科大学非常勤講師、立命館大学生命科学部特任教授。著書に『70歳が老化の分かれ道』（詩想社新書）、『80歳の壁』『70歳の正解』（以上、幻冬舎新書）、『老害の壁』（エクスナレッジ）など多数。

60代からの見た目の壁

2023年11月1日　初版第一刷発行
2024年1月10日　　　第二刷発行

著　者　和田秀樹
発行者　三輪浩之

発行所　株式会社エクスナレッジ
〒106-0032　東京都港区六本木7-2-26
https://www.xknowledge.co.jp/
問合先　編集 TEL.03-3403-6796　FAX.03-3403-0582
販売 TEL.03-3403-1321　FAX.03-3403-1829
info@xknowledge.co.jp